COURS

DE

MORALE THÉORIQUE & PRATIQUE

MORALE THÉORIQUE

PAR

L. DUGAS

Docteur ès lettres, Maître de Conférences à l'Université
de Rennes.

DEUXIÈME ÉDITION REVUE ET CORRIGÉE

PARIS

HENRY PAULIN ET Cie, ÉDITEURS

21, RUE HAUTEFEUILLE (6e)

1909

COURS DE MORALE

I. — MORALE THÉORIQUE

COURS

DE

MORALE THÉORIQUE & PRATIQUE

I. — MORALE THÉORIQUE

PAR

L. DUGAS

Docteur ès lettres, Maître de Conférences à l'Université
de Rennes.

DEUXIÈME ÉDITION REVUE ET CORRIGÉE

PARIS

HENRY PAULIN ET Cie, ÉDITEURS

21, RUE HAUTEFEUILLE (6e)

1909

PRÉFACE
DE LA DEUXIÈME ÉDITION

———

Nous avons donné à cette nouvelle édition tous nos soins. Nous avons revu de près notre texte, nous y avons apporté maintes modifications et rectifications de détail ; un chapitre sur *le devoir et le bonheur* ne nous satisfaisant pas, nous l'avons refait tout entier ; un autre sur le *devoir* a subi des remaniements qui portent jusque sur le fond des idées. Nous avons tenu compte des critiques qui nous ont été adressées. Mais nous avons été encore à nous-même notre plus sévère critique. Nous avons mis notre amour-propre et notre conscience à ne laisser subsister aucune des imperfections de notre livre que nous ayons aperçues, lorsqu'il était en notre pouvoir de les faire disparaître. Nous savons par expérience qu'un livre de classe est, contre les intentions de l'auteur, destiné à être pris toujours trop à la lettre, qu'il tombe entre les mains d'élèves appliqués ou distraits, consciencieux à l'excès ou étourdis et légers ; et à cause de cela nous croyons qu'un tel livre ne saurait trop avoir les qualités modestes qu'il comporte, ne saurait trop être *mis au net*, ne saurait être trop surveillé dans son style, trop clair, trop exact et trop précis dans l'expression de la pensée, en un mot, ne saurait trop ressembler à un *corrigé*. Nous remercions les éditeurs d'avoir bien voulu nous permettre de donner à notre livre cette forme renouvelée, et, nous l'espérons, quelque peu améliorée.

L. Dugas.

PRÉFACE

Ce livre est un livre d'enseignement. Cela ne veut pas dire seulement qu'on y traite les questions inscrites aux divers programmes d'études, mais encore qu'on a en vue d'élucider ces questions, de les faire connaître et comprendre, qu'on ne songe donc pas à les éluder et à en fuir la discussion, comme ceux qui se contentent de prêcher la morale, mais qu'on ne songe pas davantage à les subtiliser, sous prétexte de les approfondir et de les élever, comme ceux qui prennent la morale pour thème de dissertations métaphysiques et logiques.

L'enseignement de la morale n'est point la prédication morale : celle-ci, alors même qu'elle s'en défend, est dogmatique et dogmatisante; elle procède par suggestion, par appel au sentiment; elle use d'éloquence ou de rhétorique, elle est déclamatoire, grandiloquente; le fond souvent en est vide, parfois contestable et choquant; la forme en est toujours magnifique et pompeuse. Sous couleur d'instruction morale, c'est la prédication qui le plus souvent s'étale. La raison en est que la morale est

aujourd'hui prodiguée comme matière d'enseignement : on ne conçoit pas qu'elle puisse être présentée, sous une autre forme que celle du lieu commun
oratoire, à des esprits très jeunes, qui n'ont pas
encore atteint l'âge de la réflexion et de l'expérience ;
certains maîtres d'ailleurs seraient souvent embar-
rassés eux-mêmes de l'exposer autrement, n'en
ayant point fait l'objet d'une étude approfondie et
spéciale ; ils en parlent sans précision, au hasard
de leur inspiration ou de leurs lectures, et n'en peuvent rien dire que d'aventuré ou de banal ; ils s'im-
provisent philosophes, la philosophie étant « l'art
de parler vraisemblablement de toutes choses, même
de celles qu'on ignore » (Descartes).

La prédication morale, dont on n'a pas ici à faire
le procès[1], et dont on ne conteste pas l'importance
relative, a pour complément nécessaire, bien plus,
pour correctif ou antidote, l'enseignement de la
morale proprement dit. Les questions morales peu-

---

[1] Sur cette question de la prédication morale, Kant a porté un jugement fortement motivé, qui nous semble définitif. « Sans doute il est
très louable, dit-il, de s'abaisser jusqu'à des conceptions populaires,
mais il faut que l'on ait commencé d'abord par s'élever jusqu'aux
principes de la libre raison, et que l'on ait ainsi donné pleine satisfaction à son esprit. Mais agir ainsi, c'est *fonder* la doctrine des mœurs
sur la métaphysique et, après l'avoir solidement établie, la rendre
accessible à tous en la popularisant. En revanche, il serait parfaitement absurde de vouloir sacrifier à la popularité dès les premières
recherches, desquelles dépend la justesse des principes. D'abord avec
une semblable méthode on ne pourrait jamais prétendre au mérite si
rare d'une véritable *popularité philosophique*, car c'est un faible mérite
d'être compris par tous quand on renonce à toute vue un peu profonde ;
de plus, on ne mettrait au jour de cette manière qu'un mélange rebu-
tant d'observations glanées çà et là, de principes à demi élaborés par
la raison, dont peuvent bien se régaler les esprits vides, qui y trouvent
un aliment pour leur bavardage de chaque jour, mais où les clairvoyants
ne découvrent que confusion, et dont ils détournent les yeux avec humeur sans savoir quel parti prendre. » (*Fondements de la Métaphysique
des mœurs*, tr. H. Lachelier. p. 37. Paris, Hachette, 1904.)

vont être posées, discutées et résolues scientifiquement, sans souci de l'édification, avec la préoccupation unique de la vérité. C'est dans cet esprit qu'elles ont été abordées par les philosophes de toutes les écoles, et qu'elles sont exposées dans ce livre. Le danger de la discussion des vérités morales, si réel qu'il soit, est, à coup sûr, moindre que celui de laisser ces vérités dans le vague. Il ne s'agit pas de communiquer de nobles élans aux âmes jeunes, enthousiastes et naïves, de leur cacher les réalités et les laideurs de la vie, d'abuser de leur candeur, de surprendre leur bonne foi; la tâche serait trop aisée, et le jeu trop dangereux; au premier soupçon que de belles paroles peuvent recouvrir l'illusion et le mensonge, ces âmes se croiraient, en effet, abandonnées et trahies, et se retourneraient avec la violence du ressentiment et du dépit contre l'idéal qu'elles auraient embrassé. Les élans dans le vide ne peuvent être que des chutes.

Les vérités morales ne perdent rien à être exposées dans leur simplicité sévère, rattachées à leurs principes, suivies dans leurs conséquences. Il est des esprits qui, pour les adopter ou y croire, ont besoin d'en sentir l'évidence et d'en saisir l'enchaînement. Cette exigence logique est plus répandue qu'on ne croit, et le scepticisme moral peut venir de ce qu'elle n'est point satisfaite. On doute d'une vérité qui s'énonce mal, est vaguement définie, insuffisamment démontrée. On adopte les théories les plus brutales et les plus grossières, non parce qu'elles sont telles, mais parce qu'elles sont simples, bien déduites, parce que, logiquement, elles se présentent le mieux,

et semblent les plus aisées à soutenir et à défendre.
L'enseignement moral, pour porter ses fruits, doit
donc être didactique, ou démonstratif; il ne lui suffit pas d'être éloquent et élevé.

Pour une autre raison encore, la morale doit être
enseignée avec précision, avec ordre et méthode.
C'est à cette condition seulement qu'elle laisse une
trace dans l'esprit. Il faut avoir l'expérience des
examens, pour savoir combien est profonde et complète l'ignorance des notions les plus élémentaires
de la morale, chez des jeunes gens ayant suivi, peut-
être avec intérêt et avec goût, un cours qu'on doit
supposer, et même qu'on sait, avoir été approfondi
et sérieux. Il ne faut donc pas craindre d'être simple,
et d'appuyer sur les principes. Quand on enseigne
une science, on doit partir de cette hypothèse que
ceux auxquels on s'adresse en ignorent jusqu'aux
éléments. Nous avons visé ici à traiter les questions
dès le commencement, et à les conduire jusqu'où
elles pouvaient l'être, sans devenir inaccessibles
pour nos lecteurs. Nous n'avons point dissimulé les
difficultés; nous ne nous y sommes pas non plus
complu, et n'y avons point ajouté; nous n'avons
jamais perdu de vue le public spécial auquel ce livre
s'adresse. Nous avons voulu à la fois être clair et
substantiel.

Pour faciliter l'étude et l'intelligence de ce livre,
nous n'avons point négligé les procédés, d'une valeur
éprouvée et reconnue, en usage dans les classes :
nous avons fait précéder chaque leçon d'un sommaire,
qui signale et détache les idées essentielles et à rete-
nir; nous avons indiqué des sujets de devoirs, qui

sont, ou l'application. des leçons apprises, ou l'indication de questions à côté et complémentaires. Nous
avons pris soin de ne proposer que des sujets que
l'élève fût en état de traiter, après la lecture atten-
tive de nos leçons; nous avons voulu éviter ainsi
qu'il s'habituât à parler en l'air et dans le vide ; nous
avons eu également en vue de venir en aide aux
jeunes gens qui travaillent sans maîtres.

COURS DE MORALE

PREMIÈRE PARTIE
MORALE THÉORIQUE

CHAPITRE PREMIER
LA MORALE, OBJET, MÉTHODE ET DIVISIONS

SOMMAIRE

La morale est la détermination des mœurs *idéales*, non l'observation ni l'explication des mœurs *réelles*. Elle se distingue de la *psychologie* surtout par son point de vue, étant une science *normative*, c'est-à-dire pratique et idéale, tandis que la psychologie est une science spéculative et empirique, — posant des *règles*, tandis que la psychologie se contente d'établir et d'énoncer des *lois*. Elle se rapproche de la logique par son point de vue, sa méthode, ses divisions ; elle en diffère par son objet, la logique étant la science de la *pensée normale*, la morale, la science de la *volonté normale*. — La morale est-elle *indépendante* de la métaphysique et de la religion ? Historiquement, ou en fait, non ; logiquement ou en droit, oui, si l'on entend qu'elle a une méthode propre, distincte. Mais la morale et la métaphysique doivent d'ailleurs à la limite se compléter et se rejoindre. Elles agissent et réagissent l'une sur l'autre ; la morale par exemple doit changer, suivant qu'on croit ou non à l'immortalité de l'âme, au libre arbitre, etc.

La morale est la science du *bien*. Le bien est une *fin*, et comme tel, idéal, non empirique ou réel ; mais d'autre part, il est une fin *obligatoire*, c'est-à-dire applicable à la vie humaine, ayant dans cette vie, sinon son fondement, du moins son point d'appui, et

partant à quelque degré réel ; enfin le bien a son principe dans
les instincts de la nature humaine, il est une inspiration et un
élan du cœur, et par là encore il est à la fois idéal et réel, idéal
quant à l'objet auquel il tend, réel en tant que tendance. La
méthode de la morale est complexe comme son objet, à savoir
inductive et déductive à la fois, et de plus dialectique, si par dialectique on entend la logique du sentiment.

Division de la morale en *théorique* et *pratique*. Divisions de la
morale théorique.

LA MORALE

Ce n'est pas définir la morale, ce n'est pas même la
désigner clairement et sans équivoque que de dire qu'elle
est la *science des mœurs*. On peut se proposer, en effet, ou
de connaître les mœurs au sens vulgaire du mot, c'est-
à-dire de les observer et de les décrire, ou de les connaître
au sens proprement scientifique, c'est-à-dire de les analyser
et de les comprendre, de les ramener à leurs lois psychologiques, économiques, sociales, etc. ; ou enfin de les critiquer et de les juger, d'en discuter et d'en établir la *valeur*,
de les rattacher à des principes, de les soumettre à des
règles. Décrire les mœurs des hommes, à la façon dont le
naturaliste décrit celles des animaux, c'est faire œuvre
d'observateur ou de peintre, non de moraliste ; les expliquer, les interpréter, en découvrir le sens et l'enchaînement, en marquer l'évolution, en pénétrer les causes et les
lois, c'est faire œuvre d'historien, de psychologue ou de
sociologue ; ce n'est pas encore être moraliste ; le moraliste, au sens propre, est celui qui étudie, non les mœurs,
mais leur *valeur*, celui qui, au lieu d'analyser les conditions
de la vie humaine, en établit les règles idéales ou les principes.

Pour définir la morale, on peut d'abord la distinguer

des autres sciences, en établir, comme on dit, l' « indépendance ».

La morale diffère de la psychologie moins par son objet que par son point de vue. Elle rentre en effet, en un sens, dans la science psychologique, puisqu'elle est l'étude des règles de la volonté humaine. Mais tandis que la psychologie étudie la volonté sous toutes ses formes, en toutes ses manifestations, à tous ses degrés, sans autre but que d'en démêler le mécanisme, les effets et les causes, la genèse, l'évolution et la dissolution, la morale a exclusivement en vue la volonté *normale*, considérée elle-même, non comme un fait à analyser, mais comme un idéal à fonder, à établir et à atteindre. La psychologie nous instruit de ce qu'est la volonté, la morale nous enseigne ce qu'elle doit être ; l'une établit des lois, l'autre pose des règles. En d'autres termes, la psychologie est à la fois une science empirique ou de fait et une science spéculative ou théorique ; la morale est à la fois une science idéale et une science pratique, ou d'un mot, une science *normative* (Wundt).

C'est avec la logique que la morale a le plus d'analogie. Elle en diffère par son objet, mais s'en rapproche par le point de vue. Comme la logique est la science des conditions de la pensée valable, s'accordant avec elle-même et avec son objet, la morale est la science des conditions de la volonté droite, s'accordant avec elle-même, avec ses principes, ses principes s'accordant eux-mêmes avec l'idéal ou le bien. Comme la logique est une théorie et une discipline de la pensée, la morale est une théorie et une discipline de la volonté. On pourrait poursuivre la comparaison et montrer que les divisions de la morale répondent à celles de la logique. Mais il est évident à priori que ces deux sciences, partant du même point de vue, d'un point de vue *idéal*, poursuivant une même fin, une fin *pratique*, se développeront parallèlement, suivant la même méthode.

Aussi bien, lorsqu'on veut prouver que la morale est une science indépendante, n'est-ce pas précisément de la logique ou de la psychologie qu'on entend la distinguer. On réclame surtout le droit de la constituer comme science positive, en dehors de tout système métaphysique ou théologique. Kant a voulu et cru établir une grande révolution morale, en montrant que les croyances religieuses peuvent être le couronnement de la morale, mais qu'elles n'en sont pas le principe. Qu'il ait seulement, comme le prétend Schopenhauer, mystifié ses lecteurs et lui-même, qu'il ait adopté, sans l'avouer, la morale théologique, et qu'il ait cru la retrouver ensuite comme conséquence, après l'avoir au fond « admise d'avance à titre de principe, mais secret et dissimulé », cela est possible, mais la question n'est pas là. Il s'agit de savoir si la morale peut et doit subsister en l'absence de toute religion. Or, nous devons le supposer, car si, pour croire au devoir, il fallait avoir levé tous les doutes au sujet de l'existence de Dieu et de l'immortalité de l'âme, la vie morale serait indéfiniment ajournée, et ne s'établirait jamais.

Ce n'est pas qu'il n'y ait cependant une relation, directe ou lointaine, implicite et latente ou expressément reconnue, entre la morale et la métaphysique. En effet, comment se prononcer par exemple sur la valeur de la vie humaine, si on n'a pris parti sur la question de notre destinée, « d'où dépend toute notre conduite. L'immortalité de l'âme, dit Pascal, est une chose qui nous importe si fort, qui nous touche si profondément, qu'il faut avoir perdu tout sentiment pour être dans l'indifférence au sujet de ce qui en est. Toutes nos actions et toutes nos pensées prennent des routes si différentes, selon

qu'il y aura des biens éternels à espérer ou non, qu'il est
impossible de faire une démarche avec sens et jugement,
qu'en la réglant par la vue de ce point, qui doit être notre dernier objet ». Que notre vie s'achève sur la terre ou se pour-
suive au delà, nous aurons toujours à la régler, nous recon-
naîtrons toujours des devoirs, mais ces devoirs, cela est
incontestable, changeront de nature, de sens et de valeur
suivant l'hypothèse métaphysique adoptée. « Il est indubitable, dit encore Pascal, que, que l'âme soit mortelle ou
immortelle, cela doit mettre une différence entière dans la
morale. »

Historiquement ou en fait, le rapport des idées morales
et religieuses est certain, quoique souvent tel que peu
d'esprits sont capables de le démêler en eux-mêmes. « Peut-
être, écrivait Franklin à un philosophe, êtes-vous redevable originairement à la religion, je veux dire, à votre
éducation religieuse, pour les habitudes de vertu dont vous
vous prévalez maintenant à juste titre ». Et que dire des
habitudes de pensée? On se détache de tous les objets de
la foi, on garde la foi elle-même, on en reste imprégné. Le
vase, comme dit Renan, a évaporé sa liqueur, mais le
parfum est resté. Les plus fougueux adversaires de l'idée
religieuse sont souvent des sectaires qui s'ignorent ; chez
eux le parfum a tourné, s'est aigri. Au reste, l'athéisme
est lui-même une métaphysique, j'allais dire une religion,
et comme tel, devient chez ses adeptes une source de
vie morale, leur apparaît comme le principe auquel la
vertu se rattache ou qu'elle implique. « Je me laisse aller
avec d'autant plus d'abandon à ma haine contre la Religion, dit Mme Ackermann, que je sens que cette haine est
généreuse et qu'elle a ses racines dans les parties les plus
élevées de mon être. C'est mon amour pour le bien, pour

la justice et l'humanité qui me rend hostile à ces monstruo-
sités d'égoïsme et de fanatisme auxquels tout dévot, s'il est
conséquent avec lui-même, ne peut échapper. » Et encore :
« C'est nous, libres-penseurs, qui sommes les désintéressés, les généreux ; nous faisons de la vertu pour rien. Nous
ne la vendrions pas, dût-elle même nous être payée en
monnaie de paradis. » (*Pensées d'une solitaire.*)

On montrerait aisément que, si les religions ont fondé la
morale, la morale de même a inspiré les religions, les a
pénétrées de son âme, leur a donné la vie.

Mais de ce que la religion et la morale se déterminent
l'une l'autre, il ne s'ensuit pas qu'elles n'aient point de
domaines séparés, qu'elles ne puissent pas, bien plus,
qu'elles ne doivent pas être épurées, rendues à elles-mêmes,
à leurs principes propres. Qu'elles se surajoutent l'une à
l'autre et se complètent, il n'y a rien à dire ; mais pour
leur développement et leur progrès, il est nécessaire
qu'elles se distinguent. La morale est avec la théologie dans
le même rapport que les sciences de la nature avec la métaphysique ou l'ontologie ; elle se prolonge naturellement
en elle, mais veut être étudiée à part et pour elle-même.

Enfin, si par métaphysique on entend, non plus la
théorie de Dieu et de l'âme humaine, mais la théorie de la
connaissance, et en particulier la théorie des rapports de
la connaissance avec l'action, la morale paraîtra plus profondément engagée encore dans la métaphysique. En effet,
l'existence même de la morale paraît dépendre de cette
question : l'homme est-il, comme dit Aristote, le « père
de ses actes », autrement dit, est-il une cause libre? Tout
au moins, la morale change de sens et de valeur, suivant que les actes humains s'enchaînent dans le mécanisme physique, psychologique et social, en sont les effets

ou les suites, ou bien qu'ils relèvent directement de la
volonté, conçue comme une cause absolue et créatrice.
Dans le premier cas, ils pourront être *qualifiés* encore,
comme le sont les produits de la nature ou de l'art ; ils ne
pourront plus être proprement *jugés*, *imputés* à leurs
auteurs.

De quelque façon qu'on entende la métaphysique, la
morale ne peut donc être conçue comme en étant *indépendante*, si ce n'est en un sens relatif. L'homme peut sans
doute organiser sa vie morale sous tous les régimes métaphysiques, mais sa morale dépend toujours à quelque degré,
dans ses déterminations ou dans sa forme, du régime métaphysique qu'il se donne ou qu'il subit.

Autrement dit, toute morale a ses postulats. La morale,
dite *indépendante*[1], postulait la liberté et le devoir, mais la
liberté depuis a été tenue pour chimérique et le devoir a
paru une notion formelle ou vide. Par là on voit qu'on ne
peut pas fonder la morale sur le sens commun. Il faut analyser les notions dont elle part, les justifier, en faire la
critique. La morale est une science, et doit être traitée
scientifiquement.

Pour établir qu'elle est une science distincte ou indépendante, le mieux est de définir son objet et sa méthode.

La morale est la science du *bien*, considéré comme ce
qui fait le prix de la vie humaine, lui donne sa dignité, sa
valeur et son sens.

Le bien ne peut être connu sans être recherché comme
tel, sans être pris pour *fin*. Le bien et la fin se confondent. Mais c'est le propre de la fin de ne pas être atteinte

---

[1] Proudhon, Massol ont prétendu fonder, sous le nom de *Morale indépendante*, une morale affranchie de toutes notions *a priori*, religieuses
et métaphysiques, une morale à base exclusivement positive.

nécessairement et d'emblée, de pouvoir rester idéale, de
se présenter même toujours comme un *idéal*, avant de
devenir un *fait*. Dès lors, le bien, ou la fin de la vie
humaine, n'est pas connu empiriquement. Il n'apparaît
pas dans les mœurs, ou n'y apparaît qu'imparfaitement; il
s'y laisse au plus deviner ou supposer; il existe d'ailleurs
en dehors des actes; il préexiste aux actes et leur survit;
il sert à les qualifier, mais il ne s'en induit pas, il ne saurait rigoureusement s'en induire.

Mais si le bien est en soi un idéal, non une réalité, s'il
règle les actes, les juge, en fixe la valeur, s'il n'est pas
une simple qualité extraite des actes, il est donc une notion
a priori au nom de laquelle on apprécie ou on qualifie la
conduite. Par suite la morale est une science rationnelle
et déductive. Elle n'emprunte pas ses principes à la vie,
mais les lui applique. Le bien étant posé, les règles morales
s'ensuivent; telle action est prescrite ou défendue, suivant qu'elle s'accorde ou non avec le bien intuitivement
connu.

Nous repoussons cette conclusion. Nous objectons d'a-
bord que le bien est un idéal pratique, une fin obligatoire,
qu'il doit donc être matériellement accessible, et qu'on
doit s'enquérir des moyens de le réaliser, de le faire passer
dans les actes. Cela revient à. dire que, s'il n'a pas son
principe dans nos instincts et nos inclinations, il faut
cependant qu'il s'accorde à quelque degré avec notre
nature. La morale est tenue d'être humaine pour être pra-
ticable. Toute morale qui pose, au nom de la raison pure,
un idéal absolu, pris en dehors de la condition humaine,
et qui la dépasse et la confond, se condamne par là même
à l'impuissance et à la stérilité; elle devient une subtilité
logique, un exercice d'école. Ceci est, par parenthèse, la

condamnation des morales les plus célèbres, de celles des Stoïciens et de Kant. Nous n'avons rien de commun avec le Sage du Portique, ce désespérant et exaspérant fantôme, et nous nous détournons du devoir kantien, s'il est vraiment tel qu'il n'ait jamais pu être accompli dans le monde. Mais au reste ces orgueilleuses doctrines ne peuvent elles-mêmes se maintenir sur les hauteurs où elles se sont placées; elles se contredisent, atténuent la rigueur de leurs principes, et rentrent, par un désaveu tardif, dans la vérité humaine d'où elles étaient malencontreusement sorties. C'est donc que la morale n'est pas au-dessus de cette vérité, qu'elle doit en tenir compte, au lieu de la braver, et ainsi qu'elle n'est pas et ne peut pas être purement rationnelle et à priori.

Il y a plus. La notion du bien, tout idéale qu'elle soit, a dans l'expérience son point de départ, et non pas seulement sa matière et sa base d'appui. Selon le mot d'Aristote, on devient cithariste en jouant de la cithare. Tout art sort de la nature; les bonnes mœurs ont précédé la morale, la morale fut instinctive avant d'être raisonnée. Il ne faut pas faire honneur à la raison de découvertes morales qu'elle n'a eu qu'à reconnaître, à sanctionner, à mettre en œuvre, à codifier et à systématiser. Le rôle de la raison est assez grand en morale pour qu'on ne doive pas éprouver la tentation de le surfaire. La raison a pris *conscience* de la moralité (de là pourrait venir le nom de conscience, communément donné à la raison pratique), et par là l'a transformée ; de ce qui n'était qu'une inspiration généreuse, qu'un élan de cœur, elle a fait un devoir ; de ce qui n'était qu'un accident heureux de la vie, elle a fait une loi bienfaisante ou une règle ; elle a, en un mot, défini, fixé et universalisé le bien. La morale, dans sa partie constituée et acquise, est l'œuvre, et, si l'on veut, le chef-d'œuvre de la raison. Mais élaborer une science, en fixer les principes, en déduire les applications, ce n'est pas proprement la créer; l'inspiration première, la véritable invention vient d'ailleurs, du génie spontané, de l'esprit qui souffle où il veut.

S'il faut dire quelle est cette inspiration première, je crois bien que c'est un élan du cœur, un sentiment. C'est le sentiment, en effet, d'une façon générale, qui met le prix aux choses, en établit la valeur. Mais tout sentiment a son rythme naturel, ses exaltations et ses défaillances, et ce que j'appellerai sa dialectique, c'est-à-dire ses aspirations, son mouvement en haut. C'est le sentiment du bien, exempt de défaillances comme d'exaltation romanesque, considéré exclusivement dans son élan ascensionnel et sous sa forme normale, qui est le principe de la morale. Ce sentiment relève d'ailleurs de la raison, laquelle sans doute ne le crée pas, et même, à proprement parler, ne le dirige pas, mais l'accorde avec lui-même, lui donne de la cohérence et de la logique. Il relève encore de la raison, entendue comme sens pratique, ou de l'expérience de la vie. Le sentiment en effet est engagé dans les choses complexes de la vie individuelle et sociale. Ces choses, il faut les comprendre, en saisir l'enchaînement, pour les apprécier, les juger sainement, du point de vue même du sentiment moral. La morale suppose le sentiment du bien, comme l'art suppose le goût ou le sens du beau. Le sentiment moral, comme le goût encore, est une donnée première, ce qui ne veut pas dire qu'il ne soit pas en même temps un produit, qu'il n'ait pas son évolution et son éducation propres. Il se forme et se développe à l'épreuve de la vie, quoiqu'il juge la vie, et soit appelé à la diriger et à la conduire. Il naît de l'expérience et pourtant la dépasse;

il se soumet à la raison et à ses règles, et pourtant relève de son inspiration propre. Le sentiment moral, formé et développé à l'école de la vie, à la fois réglé, contenu, et amplifié, élargi par la raison, tel est le principe de la morale.

Il suit de là que la morale est une science complexe. Elle est déductive, puisqu'elle pose des règles, et en tire des applications ; elle est inductive, puisqu'elle part de l'observation de la nature humaine, et de la société, et tient compte, dans l'application et dans l'établissement de ses principes, des données psychologiques, sociologiques ; mais elle est avant tout dialectique, c'est-à-dire qu'elle puise ses principes à la source directe du sentiment, qu'elle juge la vie au lieu de la subir, et fait prévaloir les aspirations idéales sur la réalité des faits psychologiques et sociaux. Ainsi elle a un objet propre, distinct, et une méthode originale.

On la divise en morale *théorique* et *pratique*, l'une traitant *du* devoir, l'autre *des* devoirs, l'une définissant la conduite idéale de l'homme en général, l'autre, les fins particulières de la conduite, le devoir de l'homme envers lui-même, envers ses semblables en général, envers sa famille, envers sa patrie.

Les questions de la *morale théorique* peuvent se grouper ainsi. Qu'est-ce que le bien ? Et d'abord comment le connaissons-nous ? Autrement dit 1° Qu'est-ce que la conscience morale ? quelle est sa nature, son origine et sa valeur ? 2° Quelle est, au regard de la conscience, la fin de la vie humaine ? Est-ce le plaisir poursuivi aveuglément, sans discernement et sans choix ? Est-ce le plaisir bien entendu, ou l'intérêt ? Est-ce l'intérêt personnel, ou l'intérêt général ? 3° Est-ce une fin désintéressée, le détachement de

soi, et le dévouement aux autres, la vie en autrui, et pour
autrui, ce qu'on appelle, d'un mot assez vague, le sentiment?
4° Est-ce une fin en quelque sorte impersonnelle, à savoir
le devoir? Quelle est la nature du devoir? Quel est son
rôle en morale? 5° Quelles sont les conséquences qu'entraîne
l'accomplissement ou la violation du devoir? Qu'est-ce que
la responsabilité, qu'est-ce que la sanction? Quelles en
sont les conditions? Quelles en sont les formes? — Tel est
le plan que nous allons suivre.

Sujets à traiter :

I. — *La morale dans ses rapports avec les autres sciences philosophiques : psychologie, logique, métaphysique.*

II. — *Examiner la tentative de constituer la morale comme science
positive,* indépendante. *En faire l'historique, en discuter les résultats,
la portée. Reprendre la question du point de vue, non plus historique,
mais théorique, la discuter et la résoudre.*

III. — *Qu'entend-on par sciences* normatives? *Donner des exemples
de telles sciences. Discuter en particulier la question de savoir si la
morale peut être appelée une science normative, et pourquoi, en quel
sens, à quel degré.*

IV. — *Les différents sens du mot* moraliste. *Qu'est-ce qu'un moraliste à la façon de La Bruyère, de La Rochefoucauld, à la façon de
Kant? Distinguer ces différents sens, les rapprocher; déterminer le
sens propre, complet et vrai du mot.*

CHAPITRE II

LA CONSCIENCE

La conscience, considérée au point de vue *objectif*, ou connaissance du bien, et la conscience, considérée au point de vue *subjectif* ou *formel*, ou bonne volonté. Importance de cette distinction. Le *formalisme moral*.

La conscience existe-t-elle chez tous les hommes? Non, car on constate chez quelques-uns une absence de conscience ou cécité morale, chez quelques autres une pseudo-conscience (fidélité de l'individu à son caractère, conformisme social). La vraie conscience, ou accord de la volonté avec elle-même dans la poursuite du bien, est rare, et toujours imparfaite, en ce sens qu'on ne connaît jamais entièrement le bien, et qu'on réalise même rarement tout le bien qu'on connaît, par suite des défaillances de la volonté. Mais la conscience ne laisse pas d'avoir autant de valeur à nos yeux, de jouir d'une autorité aussi grande, que si elle était infaillible.

Thèse de l'infaillibilité de la conscience ou *l'intuitionisme moral* (Rousseau, les Ecossais). Sa fausseté, son inutilité. Comment se forme la conscience. Comment s'expliquent ses progrès, ses erreurs et ses variations. La *réfraction morale*. L'évolution de la conscience, en tant que bonne volonté et en tant que connaissance du bien. Ses conditions et ses lois. L'évolution de la conscience, loin de nuire au crédit de la conscience, accroît sa valeur, et partant son autorité.

LA CONSCIENCE

La conscience est la connaissance que nous avons, soit de nos pensées, de nos sentiments et de nos actes (*conscience psychologique* ou *sens intime*), soit de la valeur de nos sentiments et de nos actes (*conscience morale* ou *sens moral*). « Se connaître soi-même », c'est, en d'autres termes, tantôt se connaître au sens propre, s'analyser, se rendre compte de sa nature, sans la mettre en question, en l'acceptant telle qu'elle est, tantôt se juger, se demander des comptes à soi-même, opposer ce qu'on veut être à ce qu'on est, sa nature idéale à sa nature réelle.

La connaissance psychologique et la connaissance morale de soi-même sont si distinctes qu'on a pu dire que, pour acquérir ou appprofondir l'une, il fallait systématiquement ignorer l'autre, ou en faire abstraction[1]. Cependant elles ne laissent pas d'avoir des rapports certains. Tout d'abord, si « l'expression de conscience (psychologique) implique que

---

[1] C'est le point de vue de ceux qu'on pourrait appeler les psychologues purs. Il y a aussi de purs moralistes, par exemple Kant. Cependant les moralistes, en général, sont plutôt disposés à admettre que les connaissances psychologiques sont le point de départ et la base de la morale.

l'homme a la faculté de se diviser en deux personnes, dont l'une sert de sujet à l'autre », cette expression s'applique naturellement, j'allais dire heureusement, aussi à la con-science morale, caractérisée par la distinction d'une volonté idéale et d'une volonté réelle, coexistant en une même personne. Cette conscience, en effet, parle ainsi : « Voici mon idéal, quelque contradiction qu'il puisse y avoir entre lui et ma façon d'agir, — ou bien : Voici ce que j'ai voulu ou fait, quelque contradictoire que cela puisse être avec mon idéal[1]. »

Entend-on plus simplement par conscience l'ensemble des faits psychiques? La conscience morale est alors une sélection opérée entre ces faits. « De tous les phénomènes qui se passent en nous, dit M. Bouillier, il n'en est pas qui nous touchent plus profondément, qui attirent à un plus haut degré notre attention que les jugements intérieurs sur ce qui est bien et sur ce qui est mal. La conscience morale est donc la conscience prise par le côté le plus saillant, le plus capital pour la conduite humaine, pour le bonheur ou le malheur de la vie humaine. » C'est par la même raison que le mot conscience est employé encore pour désigner l'ensemble des croyances religieuses (comme dans l'ex-pression liberté de conscience), ces croyances représen-tant ce qu'il a dans l'âme « de plus intime et de plus profond[2]. »

Enfin on peut dire que la conscience psychologique est, au sens précis, l'organisation ou la systématisation des faits internes; par analogie, on appelle conscience morale l'or-ganisation des mêmes faits, en tant qu'elle relève de la

---

[1] HÖFFDING. *Morale*, ch. IV. *Théorie de la conscience morale.*

[2] BOUILLIER. *De la conscience en psychologie et en morale*, p. 5. Paris, Germer Baillière, 1872.

volonté, et est dirigée par un idéal conscient. Ainsi définie, la conscience morale se rapproche du caractère. En effet, dire d'un homme qu'il est « une conscience », ce n'est pas dire seulement qu'il possède les notions morales les plus larges et les plus élevées, les plus approfondies et les plus précises, c'est lui attribuer encore et surtout l'énergie et la fermeté du vouloir, la maîtrise et la possession de soi.

L'analyse philosophique de la conscience nous révèle ainsi sa nature complexe; il faudrait, pour être complet, tenir compte de toutes les acceptions particulières du mot conscience et en opérer la synthèse; mais pour des raisons de simplicité, de clarté, et parce que cela suffit à notre but, nous nous en tiendrons à la conception courante de la conscience, c'est-à-dire que nous entendrons principalement par conscience l'appréciation morale, non seulement de soi-même, mais des autres, et, plus généralement encore, le discernement moral, la connaissance du bien.

Quelle est la nature, quelle est la genèse ou l'évolution, quelle est la valeur de la conscience ainsi définie ?

Pour résoudre la question, il faut partir d'une distinction importante, il faut considérer la conscience aux points de vue objectif et subjectif, dans sa matière et dans sa forme. Au point de vue *objectif*, la conscience est la connaissance du bien, au point de vue *subjectif ou formel*, elle est la résolution de l'accomplir, l'intention droite ou la bonne volonté.

La bonne volonté se rencontre, quand la connaissance du bien fait défaut; inversement, la connaissance du bien n'implique pas, comme le pensait Socrate, la bonne volonté. Les idées morales peuvent être fausses, arbitraires, et la conscience droite, c'est-à-dire les intentions pures ; inversement, la conscience (au sens subjectif ou formel), peut être dévoyée et perverse, les idées morales étant justes, exactes, développées et précises.

Si par conscience on entend les lumières morales, la conscience varie de siècle à siècle, de pays à pays, d'individu à individu, voire d'âge en âge dans le même individu ; si, au contraire, on entend l'intention droite, la conscience ne varie guère dans chaque individu, son caractère étant, au moins dans ses grandes lignes, immuable, et ce que Tacite appelle « la conscience du genre humain » peut être aussi et sans doute a été sensiblement la même dans tous les temps et dans tous les pays, quelle que soit la diversité des actes par lesquels elle se manifeste chez les différents hommes. C'est dans le fond des cœurs, dans la bonne volonté que doit se rencontrer, en effet, si elle existe, l'unité morale de l'espèce humaine.

Distinguons donc la volonté du bien et la connaissance du bien. Sur cette distinction se fonde la doctrine appelée le *formalisme moral*. Elle se développe ainsi : Pour être juste envers les hommes, il faut chercher s'ils ont voulu le bien, et non si ce qu'ils ont voulu est le bien. Chacun ne peut matériellement agir, et ainsi n'est tenu moralement d'agir, que selon ses lumières. La vérité morale est, en un sens, indifférente, ou plutôt il n'y a moralement qu'une vérité, c'est ce qui apparaît à la conscience de l'individu comme tel. « Il n'y a au monde, dit Kant, qu'une chose vraiment bonne, c'est la bonne volonté. » Tout dogmatisme moral est faux, et aurait pour conséquence l'intolérance. Une seule doctrine est sûre, celle d'où relève cette maxime : « Paix sur terre aux hommes de bonne volonté ! »

Mais quoi ! Cette doctrine n'est-elle pas le pur scepticisme moral ? Oui, si on l'énonce ainsi ; « chacun a le droit de penser ce qu'il veut sur le bien et le mal : » non, si on l'entend comme il faut, et si on la formule en ces termes : « chacun a le droit seulement de vouloir ce qu'il croit être le bien ». La conscience est autonome ; cela ne veut pas dire arbitraire, affranchie de toute loi ; mais cela veut dire qu'elle reconnaît une seule loi, celle d'être vis-à-vis d'elle-même droite, loyale et sincère. Ce n'est pas être sceptique que de ne donner pour base à la vérité que l'évidence ; ce n'est pas non plus l'être que de donner uniquement pour base à la vérité morale la bonne foi.

La conscience considérée ainsi, abstraction faite, non pas de tout contenu positif (car alors elle ne serait rien), mais de la vérité positive ou objective de son contenu, la conscience réduite à la distinction du bien et du mal en général, et à la volonté du bien en principe, se rencontre-t-elle chez tous les hommes ? Autrement dit, tous les hommes vont-ils intentionnellement au bien, comme le pensait Socrate, et ne leur manque-t-il que de le connaître ? Ou, au contraire, tous les hommes ont-ils la connaissance du bien, et ne leur manque-t-il que de le vouloir ? A cette double question nous répondrons également : non.

Remarquons d'abord qu'il y a des hommes en quelque sorte atteints de cécité morale, dénués de toute idée de bien et de mal. Ces hommes sont d'ailleurs capables de remplir, et avec zèle, toutes les tâches que les autres accomplissent par devoir, de se consacrer, par exemple « à la culture des arts et des sciences, au service de la société ou à l'entretien de leur famille », mais simplement parce que ces tâches « répondent à leurs aptitudes et à leurs tendances ». (Höffding). Ils vivent, comme dit Nietzsche, « par delà le bien et le mal ; » ce sont « des vertueux, auxquels manque le sens moral » (Faguet). Inversement, ils pourront commettre d'assez vilaines actions, trahir les devoirs les plus essentiels, en toute innocence et sans remords ; ce seront alors des vicieux candides, comme La Fontaine, dont sa servante disait que Dieu n'aurait jamais le courage de le damner. Il y a donc une amoralité, une innocence dans le bien et dans le mal, une absence de conscience.

Il y a aussi une pseudo-conscience. Tout homme éprouve instinctivement le besoin d'être fidèle à son caractère, à ses habitudes, à sa ligne de conduite : un égoïste se reprochera comme une faiblesse un mouvement de générosité ; s'il lui arrive d'y céder, il se jugera un sot. Ce désir d'être conséquent avec soi-même, cette conscience logique n'a rien à voir avec la conscience morale, laquelle consiste, non à accepter et à suivre son caractère, mais à le juger, à se rendre compte de sa valeur[1].

[1] Hobbes peut être pris pour type des esprits qui confondent la conscience morale avec la conséquence logique. Il raisonne en effet ainsi : « Faire une injure, c'est proprement fausser sa parole ou redemander ce qu'on a donné. C'est une action ou une omission, et, dans tous les cas, une infraction de quelque accord. Il y a beaucoup de rapport entre ce qu'on tient pour injure dans le cours de la vie et ce qu'on nomme absurde dans l'Ecole ; car, de même qu'on dit que celui qui est contraint par la force des démonstrations de nier une assertion, qu'il avait d'abord soutenue, est réduit à l'absurde, celui aussi qui, par faiblesse d'esprit, fait ou laisse faire une chose, dont il avait tout autrement disposé par promesse dans son contrat, ne tombe pas moins que l'autre en cette espèce de contradiction que l'Ecole a nommé absurdité. Car, en accordant que telle action sortira son effet, il a voulu qu'elle se fît ; et, en ne la faisant pas, il témoigne qu'il veut le contraire, *ce qui est tout ensemble vouloir et ne vouloir pas*, contradiction honteuse et manifeste ». (Cité par RENOUVIER : *Philosophie analytique de l'histoire*, t. III, p. 441. Paris. Leroux, 1897). La même réduction des notions morales aux notions logiques se retrouve dans l'article de Littré sur l'origine de l'idée de justice. Schopenhauer, au contraire, soutient, contre Kant, que la moralité n'a rien à voir avec la raison (discursive ou logique). « Un homme peut avoir une conduite fort raisonnable, donc réfléchie, circonspecte, conséquente, bien ordonnée, méthodique, tout en suivant les maximes les plus égoïstes, les plus injustes, enfin les plus perverses. Aussi, personne *avant* KANT (Schopenhauer se trompe, il oublie Hobbes) n'avait songé à identifier une

De même, chaque homme éprouve à quelque degré le besoin de se mettre d'accord, non seulement avec soi-même, mais avec son milieu, de se conformer à l'opinion, aux mœurs régnantes, et souffrira, comme d'une faute, d'un manquement à l'honneur, au point d'honneur, à l'usage, aux convenances, à la mode. Ce conformisme social, qui s'étend si loin et descend à de si menus détails, revêt les formes particulières de l'esprit de corps, de parti, etc. La conscience, dite professionnelle, la solidarité avec un parti, d'une façon générale, la conscience de reflet, celle qui n'est qu'un « écho social », sont autant de contre-façons de la conscience morale ou proprement dite. Celle-ci, en effet, consiste, non à s'imprégner de l'esprit public ou de l'opinion, mais à ne s'en inspirer et à ne le suivre qu'à bon escient, à le juger, à le soumettre à sa raison, au lieu d'y soumettre sa raison.

La vraie conscience se distingue donc de l'accord avec soi-même et de l'accord avec les autres ; elle est l'accord, non seulement de la pensée, mais de la volonté avec le bien, ou mieux, elle est l'accord de la volonté avec le bien, tel qu'il nous est connu, et dans la mesure seulement où il nous peut être connu. A la considérer du point de vue objectif, ou comme connaissance, la conscience est et ne peut être que l'accord poursuivi, cherché et voulu, non nécessairement réalisé, de la pensée avec le bien. On ne peut demander, en effet, qu'elle soit infaillible et parfaite ; on ne peut même espérer qu'elle devienne jamais telle. Comme toute connaissance, elle évolue, c'est-à-dire que

action juste, vertueuse, noble avec une action *raisonnable* : on les a toujours bien distinguées, séparées. Dans l'un des cas, on considère *la façon dont l'acte est lié aux motifs ;* dans l'autre, le *caractère distinc-tif des maximes de l'individu ».* (*Fondement de la morale,* tr. BURDEAU, 3ᵉ édit. Paris, F. Alcan.)

par degrés elle se forme, se développe, s'élargit et se
précise. Nous n'entrons pas en possession du bien absolu,
nous ne faisons qu'y tendre, ou plutôt nous tendons vers
un bien de mieux en mieux défini, de plus en plus accompli,
et cette tendance est la conscience. La conscience est toujours perfectible, partant « provisoire », comme disait
Descartes, mais elle offre cette particularité remarquable
d'avoir, à nos yeux, une autorité égale à celle qu'aurait
une conscience infaillible ; je veux dire que ce qui nous
paraît le meilleur, et n'est tel que par rapport à nous, ne
laisse pas de devoir être d'ores et déjà traité par nous
comme s'il était le meilleur en soi ; autrement dit, nous
devons être « aussi fermes et aussi résolus », comme dit
encore Descartes, à suivre l'idéal nécessairement relatif
que la conscience nous trace, que si cet idéal était l'expression de la raison absolue, définitive et parfaite. La
conscience, en effet, n'est pas la justesse, mais la loyauté
et la droiture des vues.

Cette adhésion absolue à une vérité relative est ce
qu'on pourrait appeler le paradoxe de la conscience morale.
Ce paradoxe a paru choquant. Mais on ne peut se refuser
à le tenir pour la vérité. La conscience, en effet, est le
législateur et le juge souverain et unique. Il n'y a pas
d'autorité supérieure à elle, puisque toute autorité, même
celle qui prétendrait s'y substituer (comme dans la direction de conscience) devrait préalablement être reconnue
et acceptée par elle. Et d'autre part, elle est nécessairement imparfaite, quelle que soit son origine, individuelle
ou sociale, puisque la société, comme l'individu, est toujours en voie d'évolution et de progrès. Son autorité apparaît donc comme légitime et fondée, par là même qu'elle
est la seule possible.

Mais cela ne semble pas assez. On voudrait qu'elle fût
infaillible, comme si elle ne pouvait être respectable qu'à
ce prix. Et on la proclame telle, prenant ce qu'on désire
pour ce qui est. C'est ainsi que Rousseau la distingue de
la raison humaine, sujette à erreur, de la réflexion,
lente, graduelle et toujours incertaine en son développement; il l'appelle un « guide assuré », un « instinct
divin », une « voix céleste » qui parle au cœur de
l'homme et lui dicte des oracles, dont l'origine est mys-
térieuse, mais le sens toujours clair. Les Ecossais font
de même de la conscience un « sens », qui perçoit le
bien et le mal d'une façon aussi sûre et aussi immédiate
que la vue perçoit le blanc et le noir. La conscience, en
un mot, est, dans ces théories, une appréhension directe,
une intuition du bien, et, comme telle, incontestable et
certaine.

Mais, en raisonnant, ou plutôt en dogmatisant ainsi, on
méconnaît le caractère propre de la conscience. On entre-
prend de la justifier, comme si elle ne se justifiait pas
d'elle-même, et on ne réussit qu'à la compromettre, qu'à
ruiner son crédit, en lui prêtant, contre l'évidence, une
autorité qu'elle n'a pas. On la considère, non plus en elle-
même, mais dans son contenu; or, il est évident que, prise
ainsi, elle ne saurait être à priori. Nous ne naissons pas
avec des notions morales toutes faites. Nous avons à
acquérir d'abord une certaine expérience de la vie, à en
comprendre les lois, puis à nous élever, portés par cette
expérience et les réflexions qu'elle suggère, à une conception de vie meilleure, à un idéal qui la dépasse. Cet idéal
lui-même n'est jamais fixé. « L'expérience historique contribue, en même temps que la rigueur logique, aux conti-
nuelles corrections que la conscience morale se fait subir

à elle-même [1]. » Nos intentions tournent contre nous; nos actes engendrent des conséquences que nous n'avions pas prévues. La conscience mieux informée réprouve telle conduite qu'elle avait d'abord crue sage, approuve ou juge innocente telle autre qu'elle avait déclarée mauvaise. Elle retire des prescriptions et des lois qu'elle avait imprudemment établies, elle en établit d'autres, plus éprouvées et meilleures. En outre, par suite du progrès de la raison, les idées morales sont plus rigoureusement définies, mieux enchaînées entre elles, mieux suivies dans leurs conséquences. Il n'y a donc pas à s'étonner, encore moins à se scandaliser de la constitution tardive de la conscience morale et de ses variations à travers les temps et à travers les pays.

Il est parfaitement exact, mais il est aussi parfaitement naturel que « le droit ait ses époques, que l'entrée de Saturne au Lion marque l'origine de tel crime ». Toute idée morale vient à son heure, quand l'expérience en fait sentir le besoin ; elle se présente d'abord, le plus souvent, sous la forme d'un moyen propre à remédier à une situation devenue intolérable. L'idée du mal précèderait ainsi et suggérerait celle du bien.

L'action morale est aussi antérieure à l'idée morale et permet de la dégager. « On agit bien avant de devenir bon, comme on ne devient cithariste qu'en jouant de la cithare » (Aristote). La conscience morale est primitivement toute d'inspiration et d'instinct. Puis on réfléchit sur ses actes, on se rend compte de leurs principes, on en tire des maximes générales et abstraites. C'est seulement alors que la conscience paraît constituée. Elle naît donc deux fois, ou se forme à deux reprises : elle rencontre le bien

[1] HÖFFDING. Loc. cit.

par une sorte d'inspiration, à la lumière de l'expérience, et
elle dégage le principe, formule la règle du bien ainsi
empiriquement réalisé et connu. Une notion morale quelconque peut, par suite, faire défaut, à un moment donné,
chez tel individu, dans telle société, soit que l'occasion ne
se soit pas présentée encore de l'appliquer, soit qu'elle
n'ait pas été dégagée encore de ses applications.

Les conditions de vie géographiques, économiques,
sociales, historiques, etc., n'étant jamais les mêmes chez
tous les hommes, les idées morales ne se présentent non
plus ni sous la même forme ni au même degré de développement chez tous les individus et chez tous les peuples.
Les mœurs humaines sont étrangement bigarrées et locales,
et les sceptiques ont beau jeu à relever la diversité des
morales et des codes. « Trois degrés d'élévation du pôle,
dit pittoresquement Pascal, renversent toute la jurispru-
dence. Vérité en deçà des Pyrénées, erreur au delà. »
Mais ne soyons pas dupes des images. La « justice qu'une
rivière borne » n'est pas chose en soi si « plaisante ». En
se réalisant dans des milieux divers, l'idéal moral doit
nécessairement revêtir des formes différentes, et en apparence contraires. On peut admettre une loi de « réfraction
morale ».

Outre qu'un même principe revêt des applications différentes, il y a des principes, et par exemple, des droits
différents à sauvegarder et à défendre, entre lesquels le
choix est parfois malaisé et douteux. Il y a donc toujours
de l'imprévu en morale. Ce n'est pas seulement aux
époques de révolution, c'est en tous les temps, et de plus
en plus, que les sociétés se compliquent et que le difficile
est de connaître son devoir autant, ou plus, que de le pra-
tiquer. Mais aussi l'immobilité et l'uniformité des mœurs

est-elle regardée à tort comme un desideratum de la morale. C'est, au contraire, un signe de torpeur morale que l'asservissement de la conscience à une tradition trop rigide, à des règles surannées, qui ne se justifient plus.

En résumé, la conscience considérée, soit dans sa forme, soit dans sa matière, n'est pas innée chez tous les hommes, invariable, universelle et infaillible. Elle se forme par degrés, elle est perpétuellement en voie d'évolution. On a souvent confondu sa nature idéale et sa nature réelle ; on lui a alors attribué les caractères qu'on voudrait qu'elle eût ; on l'a décrite telle qu'elle serait, parvenue au terme de son évolution. L'erreur est analogue à celle qui consisterait à déclarer la science infaillible, comme si l'infaillibilité était autre chose que le but de la science, son aspiration dernière, comme si la science elle-même existait autrement qu'à titre de projet en voie d'exécution, de construction plus ou moins avancée, mais fort loin d'être finie. Erreur toutefois naturelle, presque inévitable, et, en l'espèce, d'autant plus excusable que la conscience, si imparfaitement développée et si mal éclairée qu'elle soit, est aussi respectable que serait une conscience infaillible, commande avec autant d'autorité, et doit être, telle qu'elle est, provisoirement regardée comme l'équivalent de la vérité. Elle représente ce qu'on peut savoir de cette vérité ; c'est ce qui fait sa dignité et son prix.

De quelque façon qu'on l'entende, qu'on la définisse, du point de vue objectif, la connaissance du bien, ou du point de vue formel, la bonne volonté, la conscience est donc soumise à une évolution. Mais il n'y a rien là qui soit de nature à ruiner son crédit, à affaiblir son autorité. En effet, si les idées morales sont acquises, elles ne sont pas pour cela des préjugés appelés à disparaître. Si la bonne volonté est le fruit de l'éducation, des habitudes, si elle naît et se développe à la faveur du milieu, des exemples, elle ne cesse pas pour cela d'être bonne, et ne doit pas perdre, à nos yeux, tout son prix. Ce serait pousser à l'absurde le principe de l'autonomie morale, que de repousser jusqu'aux bénéfices de l'éducation, ou plutôt que de condamner toute éducation, en tant que telle. De ce que la conscience évolue on ne saurait logiquement conclure qu'elle est artificielle et sans valeur.

L'évolution d'ailleurs doit être bien entendue. Elle suppose une nature première, un germe donné, et elle n'en est que le développement. L'éducation de même, cette évolution artificielle, ne fait que développer des facultés existantes. Par suite la conscience, si par là on entend la bonne volonté, est développée, peut-être même suscitée, éveillée, mais non pas créée de toutes pièces, par l'éducation. Les idées morales ne sont pas non plus déposées en nous toutes faites par l'éducation ; l'esprit a une tendance naturelle à les former, à les comprendre ; à vrai dire, il ne les reçoit pas, il les adopte, les accueille ou les agrée. L'évolutionnisme, pris au sens absolu, l'empirisme pur, est un non-sens ou une fausseté, aussi bien que l'innéisme.

La conscience suppose à la fois des éléments empiriques et innés ; elle est tout ensemble naturelle et acquise ; elle a son principe en nous et elle est le produit de l'éducation et de la culture. L'évolution de la conscience respecte sa nature première, mais la perfectionne, l'étend ; loin de la ruiner et de la détruire, elle accroît son énergie et sa puissance, lui donne plus de valeur, et partant plus d'autorité.

Sujets à traiter:

I. — *Les variations de la conscience morale. La nature, les formes, le degré, le sens et la portée de ces variations.*

II. — *Y a-t-il un progrès moral? Distinguer le progrès moral du progrès scientifique, industriel, économique, etc., et distinguer dans le progrès moral lui-même le progrès des idées morales et le progrès des mœurs.*

III. — *La doctrine de la relativité de la conscience morale et ses conséquences.*

IV. — *La valeur qu'on attribue à la conscience morale dépend-elle de l'origine qu'on lui suppose ? En particulier, que devient cette valeur dans l'hypothèse de l'évolution de la conscience ?*

V. — *Préciser le sens et indiquer la portée de l'évolutionnisme moral.*

VI. — *La conscience psychologique et la conscience morale. Analogies et différences.*

VII. — *Est-il vrai que la moralité soit une logique en action, et ne consiste qu'à mettre de la suite dans ses pensées et dans ses actes, à être d'accord avec soi-même* (sibi constare, ζῆν ὁμολογουμένως) ?

CHAPITRE III

LE BIEN

SOMMAIRE

Bien veut dire fin.

Deux conceptions du bien :

Le bien est la fin que les hommes *poursuivent en fait*, à savoir le *bonheur* (morale empirique ou eudémoniste).

Le bien est la fin que les hommes *doivent poursuivre*, à savoir le *devoir* (morale rationaliste ou idéaliste).

MORALE EMPIRIQUE : *l'Eudémonisme.*

Thèse : Le bien est la fin que tous les hommes poursuivent, à savoir le bonheur.

Divisions :

Le bien est le plaisir sous toutes ses formes, poursuivi aveuglément et sans choix (*Hédonisme*).

Le bien est le plaisir bien entendu, poursuivi avec intelligence et discernement (*Utilitarisme*).

A) *Hédonisme.* — Tout plaisir est un bien, et le plaisir est le seul bien. Il n'y a pas lieu de choisir entre les plaisirs, il faut les prendre tous. Mais le pouvons-nous ? Non. Il faut donc se rabattre sur les plaisirs actuels, les seuls qu'on soit sûr de ne pas laisser échapper. C'est là sans doute un choix, mais un choix réduit au minimum, et le plus judicieux qui soit. — En réalité ce choix est arbitraire, contestable. Un grand plaisir à venir est supérieur à un médiocre plaisir présent. On ne saurait d'ailleurs, sans faire violence à notre nature, nous enfermer dans le présent, nous interdire la prévoyance. Quand on le pourrait, on ne ferait pas que nous n'eussions à choisir entre les plaisirs actuels. De toutes façons l'hédonisme est insoutenable. Il l'est, quant à son *principe*, puisqu'il faut toujours en venir à faire un choix entre les plaisirs, et que ce choix relève de l'intelligence, non de l'instinct, et quant à ses *conséquences*, puisque, dans la mesure où elle est instinctive, la recherche du plaisir aboutit à la souffrance, va contre sa fin.

B) *Utilitarisme*. — Il s'oppose à l'hédonisme en ce qu'il substitue la recherche intelligente et éclairée à la poursuite aveugle et instinctive du plaisir. Il prescrit le choix entre les plaisirs, et fait prévaloir, dans l'appréciation du plaisir, la durée sur l'intensité.

Division : Doctrine de l'intérêt personnel (Égoïsme). — Doctrine de l'intérêt général (Philanthropie).

L'utilitarisme a deux aspects : positif, négatif.

Pris du point de vue négatif, il fait consister le bonheur à ne pas souffrir, et enseigne que le moyen d'être heureux est de resserrer sa vie, de borner ses désirs. Théorie épicurienne des désirs : naturels et nécessaires, — naturels et non nécessaires, — ni naturels ni nécessaires.

Mais le vrai bonheur est positif, non négatif. Il est le plus grand bonheur ou le maximum de plaisir, et non pas seulement le minimum de peine (Bentham). La détermination du plus grand bonheur est l'objet de l'arithmétique morale. On compare les plaisirs aux points de vue de l'*intensité*, de la *durée*, de la *pureté*, de la *proximité*, de la *fécondité*, de la *certitude*, et de l'*étendue*. Le plaisir qu'il y a intérêt à rechercher est celui qui, à tous ces points de vue, pris ensemble et comparativement évalués, est le plus grand.

Selon Bentham il n'y a pas à opposer l'intérêt personnel et l'intérêt général ; ils sont naturellement d'accord et ne font qu'un. Mieux on comprend son intérêt propre, plus on voit qu'il fait partie de l'intérêt général, et s'identifie avec lui. — En réalité, les intérêts particuliers diffèrent entre eux ; à fortiori l'intérêt particulier entre-t-il en conflit avec l'intérêt commun. Cette opposition des intérêts entre eux est la pierre d'achoppement de l'utilitarisme.

C) *Utilitarisme transformé de Stuart Mill*. — Le plaisir doit être évalué du point de vue de la *qualité*. Tel plaisir, inférieur à tel autre en *quantité*, doit cependant lui être préféré comme étant de *qualité* supérieure, c'est-à-dire s'adressant à des facultés plus élevées. Mais dire que ce qui fait la valeur du plaisir, c'est qu'il s'accorde avec la dignité de l'homme, c'est dire qu'il y a quelque chose de plus désirable que le plaisir lui-même, qu'il y a quelque chose de supérieur à l'intérêt, à savoir la dignité humaine. C'est donc poser une autre fin que le bonheur, et renier les principes de l'utilitarisme.

L'évolution de l'utilitarisme aboutit ainsi à cette conséquence inattendue qu'il faut en sortir, qu'il est un système insuffisant, étroit, et doit être complété, élargi et dépassé.

Conclusion : Rôle véritable du bonheur en morale.

LE BIEN

Au sens le plus général du mot, le bien est la fin des actions humaines. Mais qu'entend-on par là ?

Est-ce la fin que tous les hommes poursuivent *en fait*, le mobile ordinaire ou constant de leurs actes, leur préoccupation dominante ou unique ? Le bien sera alors le *bonheur*. Le plaisir en effet, dit Pascal, est « la monnaie pour laquelle nous donnons tout ce qu'on veut[1]. — Tous les hommes ont en vue le bonheur; cela est sans exception. Quelque différents moyens qu'ils emploient, ils tendent tous à ce but. Ce qui fait que les uns vont à la guerre, et que les autres n'y vont pas, est ce même désir, qui est dans tous les deux, accompagnés de différentes vues. La volonté ne fait jamais la moindre démarche que vers cet objet. *C'est là le motif de toutes les actions de tous les hommes*, jusqu'à ceux qui vont se pendre[2] ».

Fait-on, au contraire, abstraction des vœux naturels ou des aspirations réelles des hommes, pour considérer seulement ce qu'il y a dans ces vœux de légitime et de fondé ; a-t-on en vue, non la fin qu'ils poursuivent, mais celle à

[1] PASCAL, édit. Havet, I, p. 105.
[2] *Ibid.*, p. 116.

laquelle ils *doivent* tendre ; le bien sera, dans ce cas, l'*idéal* qui s'impose à la volonté humaine, alors qu'elle ne l'atteint pas, et même qu'elle ne saurait jamais l'atteindre que d'une façon imparfaite, bien plus, alors qu'elle s'en détourne : cet idéal, réalisé ou non, abandonné ou suivi, s'appelle, d'un mot, le *devoir*.

Il y a ainsi deux conceptions ou théories morales différentes, suivant qu'on dégage la notion du bien de la considération des actions et des mœurs humaines, qu'on l'énonce comme un *fait*, ou qu'on la pose à priori, comme la règle *idéale* des mœurs. La première est dite empirique, la seconde idéaliste ou rationaliste.

Nous examinerons en premier lieu, comme étant la plus simple, la morale *empirique* ou eudémoniste.

LA MORALE EMPIRIQUE

Si tous les hommes s'accordent à reconnaître comme bien le bonheur, ils diffèrent dans la façon de concevoir le bonheur. Les uns, s'appliquant à le rendre réalisable, facilement accessible, en restreignent et simplifient la notion ; les autres, moins soucieux de l'atteindre que de le bien définir, en démêlent tous les éléments, en étendent et multiplient les conditions, en élargissent l'idée. D'autres enfin s'efforcent de concilier ces tendances contraires, les rejettent en ce qu'elles ont d'exclusif, et prétendent leur donner satisfaction à toutes deux, en ce qu'elles ont de légitime et de fondé. L'eudémonisme (morale du *bonheur*, εὐδαιμονία) est ainsi un genre qui renferme des espèces distinctes, irréductibles, voire rivales et ennemies.

Une première division des morales eudémonistes se fonde sur la distinction du plaisir et du bonheur. Le bonheur est

« une situation telle qu'on en désirât la durée sans change-
ment », le plaisir, « un sentiment agréable, mais court et
passager, et qui ne peut jamais être un état[1] ».

A. — *Hédonisme.*

La morale la plus simple et la plus grossière est l'*hédonisme* pur (morale du *plaisir*, ἡδονή), d'après lequel il
faut renoncer au bonheur ainsi défini, et se contenter des
plaisirs.

Poursuivre le bonheur, selon cette doctrine, serait s'in-
quiéter de l'avenir qui est incertain, prendre une peine le
plus souvent inutile, en tout cas, toujours disproportionnée
avec le but visé, car régler sa conduite, fût-ce en vue du
bonheur, c'est restreindre ses plaisirs, s'imposer une contrainte, gâter sa vie, l'empoisonner de craintes, fondées ou
non, la charger d'inquiétudes, de préoccupations et de
soucis. D'ailleurs il ne dépend pas de l'homme de régler le
cours de sa destinée, d'assurer son bonheur ; il ne peut que
prendre les plaisirs qui s'offrent ; c'est à lui de n'en laisser
échapper aucun. Telle est la morale d'Aristippe de Cyrène,
disciple de Socrate. Son principe, a-t-on dit, est « la *sou-
veraineté de l'instant.* Pourquoi, — telle est la suite des
idées, — un instant serait-il sacrifié ou subordonné à
l'autre ? Le premier a par lui-même autant de droit à l'existence que le second[2] ». Il en a même, j'ajouterai, davantage, par cela seul qu'il est actuel, qu'on en jouit, et que
le second est à venir, donc incertain. « Le présent seul est
nôtre » (μόνον ἡμέτερόν ἐστι τὸ παρόν) dit Aristippe (3). Nous

---

[1] FONTENELLE, *Traité du Bonheur.*
[2] HOFFDING, *Morale.*
[3] ÆLIAN, Var. hist., XIV, 6, cité par GUYAU : la *Morale d'Épicure*, p. 37.
Paris, Germer-Baillière, 1881.

tenons le présent dans nos mains, dit de même ingénieu-
sement Fontenelle ; mais l'avenir est une espèce de char-
latan qui, en nous éblouissant les yeux, nous l'escamote.
Pourquoi lui permettre de se jouer ainsi de nous ? Pourquoi
souffrir que des espérances vaines et douteuses nous enlè-
vent des jouissances certaines[1] ? » La préoccupation de l'avenir est vaine. « La prévoyance qui présiderait aux actions,
qui les soumettrait à une règle et les subordonnerait à
une fin supérieure, semble à Aristippe une gêne et, selon
sa propre expression, une servitude[2] ». « La prévoyance !
s'écrie à son tour Rousseau (car l'hédonisme est de tous
les temps), la prévoyance qui nous porte sans cesse au delà
de nous, et souvent nous place où nous n'arriverons point,
voilà la véritable source de toutes nos misères. Quelle manie
à un être aussi passager que l'homme de regarder toujours
au loin dans un avenir qui vient si rarement, et de négliger
le présent dont il est sûr[3] ! »

---

[1] FONTENELLE : *Traité du Bonheur.*

[2] GUYAU : *Ouv. Cité*, p. 38.

[3] *Emile*, Liv. II. Cette idée est capitale chez Rousseau ; elle se rattache à son romantisme, à son apologie de la passion. Il l'a reprise et
développée souvent, jamais peut-être avec plus de netteté que dans les
Dialogues (II), où il oppose le *cœur* à la *raison*, et entend par raison le
calcul de l'intérêt : « Qu'est-ce que la *raison* pratique, si ce n'est le
sacrifice d'un bien présent et passager aux moyens de s'en procurer
un jour de plus grands et de plus solides, et qu'est-ce que l'*intérêt*, si
ce n'est l'augmentation et l'extension continuelle de ces mêmes moyens ?
L'homme *intéressé songe moins à jouir qu'à multiplier pour lui l'instrument des jouissances. Il n'a point proprement de passions non plus
que l'avare, ou il les surmonte et travaille uniquement, par un excès de
prévoyance, à se mettre en état de satisfaire à son aise celles qui pourront lui venir un jour.* Les véritables passions, plus rares qu'on ne
pense parmi les hommes, le deviennent de jour en jour davantage ;
l'intérêt les élime, les atténue, les engloutit toutes, et la vanité, qui
n'est qu'une bêtise de l'amour-propre, aide encore à les étouffer. » On
voit que Rousseau renouvelle le problème de l'hédonisme ; il présente
l'intérêt comme bas, la passion comme noble et ne se contente pas de
dire que la poursuite de l'intérêt est un leurre et que la satisfaction de
la passion est seule réelle et vraie.

Poussons ce principe jusqu'au bout, développons-en les conséquences. Si le plaisir est le seul bien, et le plaisir actuel, le seul sur lequel on puisse compter, il n'y a plus qu'à se laisser aller à la « bonne loi de nature », qu'à suivre la morale accommodante et douce que prêchent Anacréon, Horace. *Carpe diem*, jouissez du présent, ou, comme traduit Ronsard :

> Cueillez, cueillez votre jeunesse.

La sagesse s'accommode d'un bonheur au jour le jour. Elle s'exprime ainsi par la bouche d'un enfant : « Réfléchissant que la mort nous guette à toutes les heures, à toutes les minutes de notre vie, je décidai, dit Tolstoï (*Souvenirs d'enfance*) que l'homme ne pouvait être heureux qu'à la condition de jouir du présent et de ne pas songer à l'avenir; je ne concevais pas comment on n'avait pas encore compris cela. Et, pendant trois jours, sous l'influence de cette idée, je plantai là mes leçons et passai mon temps, étendu sur mon lit, m'amusant à lire un roman, ou à manger du pain d'épice, acheté avec le reste de mon argent ».

On remarquera que l'hédonisme se défend en principe de choisir entre les plaisirs et a la prétention de les prendre tous. Cependant il ne laisse pas d'incliner en fait vers les plus grossiers. La préférence qu'il accorde aux plaisirs actuels le fait pressentir déjà, car quelle raison y a-t-il de cette préférence, autre que celle-ci, que le plaisir actuel a une réalité en quelque sorte matérielle ou sensible? La conception hédoniste de la vie se résume donc dans la devise : « courte et bonne », et on sait ce que bonne ici veut dire.

On serait tenté de croire que l'hédonisme est l'anomie morale, qu'il consiste à s'abandonner à l'instinct, à renoner à la raison. Mais en réalité, il raffine sur les penchants naturels, il les interprète, les systématise. Comme Höffding l'a justement remarqué, il n'est ni primitif ni naïf. « Il faut en effet un certain art, un certain empire sur soi, pour réprimer la tendance involontaire qui nous porte au delà du moment présent. » Il consiste à ne poser aucune fin, donc à « refouler les instincts eux-mêmes avec leurs fins inconscientes », à tenir le plaisir pour le seul bien, autrement dit, à prétendre qu'il ne tire pas sa valeur des fonctions et des actes auxquels il est lié, du rôle qu'il joue dans la vie, mais qu'il est la fonction par excellence, la raison d'être de la vie, la vie même.

Or, pour naturel qu'il soit, l'instinct qui nous porte à rechercher le plaisir n'est pas si borné, si exclusif, ni si exigeant. On reconnaît ici le parti pris d'une doctrine. On dirait d'un philosophe désabusé qui se rejette sur les plaisirs à défaut du bonheur, qui ne croit pas que la vie ait autre chose à lui offrir que des moments heureux, qui « rassemble ces moments, se représente une vie qui en serait toute composée », et appelle cela le bonheur, ou ce qui en tient lieu. Ce philosophe raisonne à peu près ainsi. « C'est l'état durable qui fait le bonheur; mais ceci est très fâcheux pour le genre humain », car presque tous les hommes, en fait, « sont exclus du bonheur, et il ne leur reste pour ressource que des plaisirs, c'est-à-dire des moments de joie semés çà et là sur un fond triste qui en sera un peu égayé[1] ».

Si on pouvait historiquement faire la genèse de l'hédonisme, on trouverait sans doute qu'il a ainsi son principe dans une vue pessimiste de la condition humaine et qu'il

---

[1] FONTENELLE. Ouvr. cit.

était par suite logiquement interprété par Hégésias, ce disciple d'Aristippe, surnommé πεισιθάνατος, lequel prêchait le suicide, à Alexandrie, avec tant de succès que Ptolémée dut fermer son école.

Mais quand même la recherche du plaisir n'impliquerait pas le renoncement au bonheur, et l'imprévoyance, érigée en système, ne proviendrait pas de la vanité supposée ou reconnue de la sagesse et de la prudence humaine, quand même l'hédonisme ne serait pas attaquable dans son principe, il ne laisserait pas de l'être dans ses conséquences. Il se montre tout d'abord inapplicable. En effet, à supposer que tous les plaisirs soient bons et qu'il n'en faille rejeter aucun, pas même celui qui « naît d'une chose déshonnête », car « le caractère honteux de la cause qui le produit n'empêche pas qu'on ne doive le regarder comme un bien[1] », comment pourrait-on goûter tous les plaisirs ensemble, comment ne serait-on pas dans la nécessité de choisir entre ceux qui s'offrent au même moment, puisqu'il en est, non pas seulement de divers, mais d'incompatibles? De plus, est-il admissible, je veux dire humainement possible, de se laisser aller à l'ivresse du plaisir présent, en fermant les yeux sur les souffrances dont ce plaisir peut être la cause, sur la satiété et le dégoût qui viennent à sa suite, et parfois l'accompagnent, comme l'ont observé les voluptueux eux-mêmes :

> *medio de fonte leporum*
> *Surgit amari aliquid quod in ipsis floribus angat?*

En nous enfermant dans le présent, en nous enlevant l'espérance, en nous interdisant le souvenir, l'hédonisme

---

[1] **Aristippe**, dans Diogène Laërte.

fait violence à notre nature[1]. Et il n'arrive pas à nous satisfaire ! Il nous ôte l'illusion du bonheur, sans nous assurer
la réalité du plaisir. Or, si le plaisir, qui est le seul bien,
nous échappe, s'il y a plus de souffrances que de joies
réelles dans le monde, la vie est donc un leurre, et le
mieux serait de la quitter au plus tôt. La banqueroute du
plaisir présent, toujours possible, et trop réelle souvent,
justifie donc la doctrine d'Hégésias. La prédication du suicide par un partisan de la morale du plaisir est bien signi-
ficative. Elle constitue la réfutation la plus nette et la plus
saisissante de cette morale par ses conséquences.

B. — L'utilitarisme.

A l'hédonisme qui prêche la recherche du plaisir quelconque et sous toutes ses formes, pourvu qu'il soit senti,
et par conséquent actuel, s'oppose l'utilitarisme ou morale
du plaisir bien entendu, laquelle introduit dans l'appréciation du plaisir la notion de durée et fait prévaloir cette
notion sur celle même d'intensité. Selon l'hédonisme, nous
n'avons qu'à suivre l'instinct aveugle qui nous porte vers
le plaisir; selon l'utilitarisme, nous devons rechercher le
plaisir d'une façon intelligente, avec réflexion et choix.

[1] C'est ce qu'a montré Guyau dans sa forte et lumineuse critique de
la doctrine d'Aristippe. « Limiter la volonté au présent, lui défendre
de regarder en avant et en arrière, lui défendre, en un mot, de se
retrouver dans le passé et de se projeter dans l'avenir, n'est-ce pas lui
ôter toute sa liberté d'action ? C'est aussi enlever toute portée à la vue
de l'intelligence que de placer devant et derrière elle la nuit ; c'est,
pour ainsi dire, rendre toute action opaque que de ne pas vouloir
qu'on regarde en elle et à travers elle le passé qui l'a produite et l'avenir qui en sortira. L'intelligence à courte vue et la volonté instable,
telles que nous les dépeignent Aristippe et ses disciples, ne peuvent
donc satisfaire l'homme qui aspire sans cesse à dépasser les bornes
du présent et à posséder ces deux choses: d'une part, l'unité, de
l'autre, la fixité. » (Ouv. cité, p. 30.)

« Notre *penchant*, dit Leibniz, va, non pas à la félicité
proprement », qui est « une joie durable », mais à « la
joie, c'est-à-dire au présent ; c'est la *raison*, qui porte à
l'avenir et à la durée[1] ». L'hédonisme pose une fin toujours accessible, ou qu'il juge telle, le plaisir ; l'utilitarisme
pose une fin difficile à atteindre, le bonheur, et enseigne
l'art d'y arriver. Cet art consiste, non à suivre simplement,
mais à régler les penchants naturels. Les penchants sont
« comme la tendance de la pierre qui va le plus droit, mais
non pas toujours le meilleur chemin vers le centre de la
terre, ne pouvant pas prévoir qu'elle rencontrera des
rochers où elle se brisera, au lieu qu'elle se serait appro-
chée davantage de son but, si elle avait eu l'esprit et le
moyen de s'en détourner. C'est ainsi qu'allant vers le présent plaisir, nous tombons quelquefois dans le précipice de
la misère[2] ». Il s'agit donc d'éclairer les penchants, de
mettre la sagesse, c'est-à-dire la raison et l'expérience, au
service des plaisirs.

Parmi les objets extérieurs, nous ne « laisserons de
droits sur nous qu'à ceux dont il y aura plus à espérer qu'à
craindre. Il n'est question que de calculer, et la sagesse
doit toujours avoir des jetons à la main ». Etant donnés
tels plaisirs, « combien valent-ils, et combien valent les
peines dont il faudrait les acheter ou qui les suivraient[3] ? »

La question peut être traitée d'abord *négativement*. On
observe chez les utilitaires une tendance à l'aborder surtout,
pour ne pas dire exclusivement, de ce point de vue. On
dirait qu'à leurs yeux, il importe moins de goûter le plaisir
que de s'épargner la peine, de le goûter pleinement que de

[1] LEIBNIZ. *Nouveaux Essais*, liv. I, ch. II, § 3.
[2] LEIBNIZ. *Nouveaux Essais*, liv. II, ch. XXI, § 36.
[3] FONTENELLE. *Traité du Bonheur*.

l'obtenir à l'état de pureté, d'en jouir avec exaltation et
ivresse que de le posséder sûrement et d'une façon durable.
Évaluer le plaisir, ce serait donc chercher d'abord ce qu'il
coûte. Or, il semble qu'on le paie toujours trop cher. Aussi
ne faut-il pas être trop ardent aux plaisirs. Un plaisir
calme, à peine senti, mais foncier et durable, est préférable, suivant Epicure, au « plaisir en mouvement, » vif,
violent, mais passager et mêlé de peines, d'inquiétude et
de trouble. On peut concevoir même le bonheur suprême
comme résidant dans l'ataraxie, c'est-à-dire dans l'impassi-
bilité, la paix sereine de l'homme qui goûterait les joies
essentielles de la vie, mais n'aurait par ailleurs aucun
plaisir vif.

Etre peu exigeant en fait de bonheur, c'est le moyen
d'être heureux. Le sage est celui qui restreint ses désirs.
Epicure, distinguant trois sortes de désirs : *naturels et
nécessaires*, comme la faim et la soif, — *naturels et non
nécessaires*, comme l'amour, une nourriture agréable, —
ni naturels, ni nécessaires, comme l'ambition, l'amour des
richesses, enseignait que, pour être heureux, il *suffit* de
satisfaire les désirs naturels et nécessaires, il *faut* s'affranchir entièrement des désirs ni naturels ni nécessaires, et
il *convient* de ne pas s'asservir aux désirs naturels, mais
non nécessaires. « Un peu de pain et d'eau, disait-il, voilà
de quoi rivaliser de félicité avec Jupiter! »

La tempérance est ainsi la conséquence imprévue, et
pourtant naturelle, logique, du principe de l'intérêt ou du
plaisir bien entendu. Etre tempérant, c'est, en effet, fuir
des plaisirs qui doivent être suivis de peines plus grandes.
La modération dans les désirs est même la vertu la plus
caractéristique de l'utilitarisme, tel qu'Epicure le conçoit,
c'est-à-dire négatif. Cet utilitarisme consiste à fuir la dou-

leur plus encore qu'à rechercher le plaisir, ou mieux à faire consister le plaisir, d'abord et avant tout, à ne pas souffrir. Dès lors l'épicurien se fera humble et petit, s'appliquera à diminuer « la place qu'il tient dans le monde, son volume, pour ainsi dire », car c'est « ce volume » qui « donne prise aux coups de la fortune. Un soldat qui va à la tranchée voudrait-il devenir un géant pour attraper plus de coups de mousquet ? Celui qui veut être heureux se réduit et se resserre autant qu'il est possible. Il a ces deux caractères : il change peu de place et en tient peu[1]. »

Toutefois l'utilitarisme ne revêt pas toujours et nécessairement cette forme résignée et passive ; il ne prêche pas seulement l'abstention, mais aussi l'action ; il n'enjoint pas seulement de réduire la souffrance au minimum, mais encore de porter le plaisir au maximum. Il a, en un mot, un aspect *positif*.

Cet aspect apparaît particulièrement chez Bentham[2],

[1] FONTENELLE, *loc. cit.*

[2] On trouve chez Berkeley un exposé de l'utilitarisme plus clair, plus simple, plus réduit à l'essentiel que celui de Bentham. (*Alciphron ou les petits philosophes*, 2ᵉ *dialogue*, ch. xvii, trad. de 1734. Paris, Kolin). « EUPHRANOR : Socrate soupçonnait que les esclaves du plaisir n'étaient tels que par ignorance. — LYSICLÈS : Ignorance de quoi ? — EUPHR. : *De l'art de compter*. Il était d'opinion que les débauchés ne savent point calculer et que, faute de posséder ce talent, ils portent de faux jugements sur les plaisirs, du choix desquels dépend leur bonheur... (En effet) ne faudrait-il pas considérer toutes les facultés de l'homme et tous les genres de plaisir dont il est susceptible, faisant entrer dans la supputation le futur aussi bien que le présent et estimant chacune de ces choses selon sa valeur ! — CRITON : Les Épicuriens eux-mêmes avouaient qu'un plaisir qui procure une plus grande peine ou qui empêche un plus grand plaisir doit être regardé comme une peine et que la peine qui procure un plus grand plaisir ou qui prévient une plus grande peine doit être regardée comme un plaisir. Pour faire donc une exacte évaluation du plaisir, le grand ressort de nos actions, nous devons compter les plaisirs intellectuels et futurs aussi bien que les plaisirs présents et qui naissent des sens ; nous devons défalquer de chaque plaisir particulier les peines, les maux, le dégoût, les remords et la honte dont il est accompagné ;

lequel pose ainsi le problème moral : « Donner au plaisir
une direction telle qu'il soit *productif* d'autres plaisirs, et
à la peine une direction telle qu'elle devienne, s'il est possible, une source de plaisirs, ou du moins qu'elle soit rendue
aussi légère, aussi supportable et aussi transitoire que possible[1]. » En d'autres termes, il s'agit de se procurer des
plaisirs abondants et réels, et non pas seulement de s'épargner la peine ; bien plus, il faut savoir être courageux au
besoin, c'est-à-dire affronter des peines, qui doivent être
suivies de plaisirs plus grands. La vertu par excellence
est « l'économie » qui consiste à « amasser pour l'avenir
un trésor de félicité, » mais cette vertu implique autre
chose que le calcul ou l'entente des intérêts, à savoir
l'effort, l'*abnégation*, au moins provisoire, la résistance à
l'attrait du plaisir immédiat, le travail, l'énergie, la per-
sévérance et l'esprit de suite dans la recherche du bonheur.
En un mot, il faut prendre de la peine pour être heureux.

Il faut d'abord prendre la peine de procéder scientifiquement à la détermination des conditions du bonheur, et de
substituer « à la variété des poids et mesures, » usitée en
morale, « un tarif authentique et certain ». C'est ce qu'a
fait Bentham. Pour évaluer les plaisirs, il faut, selon lui,
attribuer à chacun d'eux des coefficients d'*intensité*, — de

---

nous devons faire attention au *genre*, à la *quantité*, à la *pureté*, à la
grandeur et à la *durée* des plaisirs. Qu'un esprit fort daigne seulement
se souvenir combien peu les plaisirs humains consistent en sensations
actuelles et de quelle utilité leur est la perspective. Qu'il compare
alors ensemble les divers coups d'œil que jette sur l'avenir un homme
vertueux, qui admet la religion et un débauché incrédule. — EUPHR.:
Et, tous points étant bien examinés, ne se trouvera-t-il pas que
Socrate a eu raison de croire que les débauchés n'étaient tels que par
l'ignorance de ce qu'il appelle la science du plus et du moins, du plus
grand et du plus petit, de l'égalité et de la comparaison, c'est-à-dire de
l'art de compter. »

[1] *Déontologie*, II, 38. — Pour un exposé plus complet du système de
Bentham, voir GUYAU. *Morale anglaise contemporaine*. Paris, F. Alcan.

durée, — de certitude, — de proximité, — de fécondité, — de pureté (un plaisir pur est un plaisir non mêlé
de douleur), — d'étendue (on appelle ainsi la portée sociale
des plaisirs : un plaisir qui s'étend à plusieurs personnes à
la fois est, toutes choses égales d'ailleurs, préférable à un
autre strictement individuel). Le plaisir le plus grand est
celui qui a la cote la plus élevée, après qu'on a fait le total
de ces divers coefficients.

On a cru trouver dans le seul fait de la complication de
« l'arithmétique morale » une raison de la rejeter. Mais
c'est mal raisonner : si ses règles sont justes, il faut les
appliquer, quoi qu'il en coûte à notre paresse. Nous ne sau-
rions prendre trop de soins pour assurer notre bonheur. Il
n'y a pas de fin plus digne de nos efforts.

La question n'est pas là. Il s'agit de savoir si la fin pro-
posée est claire, bien définie et, de plus, accessible. Or, la
notion d'intérêt est complexe et même équivoque. On distingue d'abord l'intérêt particulier et l'intérêt général. L'individu aura nécessairement en vue son intérêt propre, et
ne pourra rechercher l'intérêt général qu'en tant qu'il est
lié au sien. Mais quel rapport existe entre ces deux intérêts?
Sont-ils en harmonie ou entrent-ils en conflit? Une seule
chose est certaine, c'est qu'ils sont solidaires. L'individu,
pour être heureux, a besoin des autres, de leurs services,
de leur appui, de leur affection. Il faut donc qu'il les aime.
Mais il faut aussi qu'il les redoute, car ils peuvent autant
pour son malheur que pour son bonheur. Quelle sera donc
son attitude envers eux ? Elle sera double : l'une de réserve
et de « qui vive ! », l'autre de sympathie et de confiance.
D'une part, il exigera peu des autres, afin de n'être pas
désappointé; de l'autre, il cédera à l'attrait qui le porte vers
eux, et doublera son plaisir en sympathisant avec celui des

autres. Mais, dans l'ensemble, gagne-t-il plus qu'il ne perd
à vivre en société ? On pourrait trouver la question oiseuse,
puisqu'il n'a pas le choix, puisqu'il n'est pas dans sa
nature de vivre autrement. Mais les utilitaires ne se contentent pas de poser, en fait, la nécessité de la vie sociale,
ils tiennent cette nécessité pour avantageuse : l'intérêt individuel et l'intérêt commun, à leurs yeux, se confondent ; le
conflit entre eux ne peut être qu'apparent, au plus, accidentel, et toujours provisoire. On n'aura donc jamais à
demander à l'individu de se sacrifier à la société, ce qui
serait absurde, mais on lui demandera de comprendre son
véritable intérêt, d'en acquérir une notion exacte, large et
sérieuse, et de sacrifier son intérêt apparent à son intérêt
réel, son intérêt immédiat et passager à son intérêt lointain
et durable. C'est là tout ce que le devoir commande. « En
saine morale, le devoir d'un homme ne saurait jamais consister à faire ce qu'il est de son intérêt de ne pas faire ; » mais,
« par une juste estimation, il apercevra la coïncidence de
ses intérêts et de ses devoirs ». La justice ne repose pas
non plus sur un autre principe : la société n'a pas le droit
de sacrifier l'intérêt de l'individu au sien, supposé distinct,
elle n'a que celui de contraindre l'individu à suivre son
véritable intérêt. « D'après le principe de l'utilité, le plus
abominable plaisir que le plus vil des malfaiteurs ait jamais
retiré de son crime, ne devrait pas être réprouvé, s'il
demeurait seul ; le fait est qu'il ne demeure jamais seul,
mais il est nécessairement suivi d'une telle quantité de
peine que le plaisir en comparaison est comme rien ; et
c'est *la vraie, la seule raison, mais parfaitement suffi-*
sante, pour en faire un objet de châtiment. (Bentham).

Par une loi naturelle, analogue à celles que les écono-
mistes posent ou invoquent, l'intérêt individuel « régula-

risé », élargi, devient l'intérêt social ; l'égoïsme aboutit à la philanthropie, en prend le caractère, en produit les effets. Plus exactement, la vertu a deux aspects : l'un primitif et élémentaire, qui est individuel, l'autre, dérivé et complexe, qui est social. Sous ce dernier aspect, elle est « le sacrifice qu'un homme fait de son propre plaisir pour obtenir, en servant l'intérêt d'autrui, une plus grande somme de plaisir pour lui-même. » Mais étant donnée l'identité foncière de l'intérêt individuel et de l'intérêt social, en poursuivant mon propre bonheur, je réalise « le plus grand bonheur du plus grand nombre » (the greatest happiness of the greatest number), ce qui est la fin morale la plus haute, entendons la plus pleine et la plus complète.

La doctrine utilitaire, ou doctrine de la maximisation du bonheur, revêt chez Bentham sa forme achevée. Or, le Benthamisme paraît critiquable à divers points de vue, en tant qu'il postule d'abord la force toute puissante, souveraine et unique de l'intérêt, — ensuite le caractère objectif, scientifiquement déterminable de l'intérêt, lequel serait ainsi un motif d'action universel, j'entends, s'imposant à tous les esprits, — enfin l'identité foncière de l'intérêt privé et de l'intérêt social.

L'intérêt est, par définition, le plaisir bien entendu. Mais le plaisir souvent ajourné, toujours discuté, jamais goûté sur le moment, avec abandon et sans arrière-pensée, est-il encore du plaisir ? N'y a-t-il pas différence de nature, et pas seulement de nom, entre le plaisir et l'intérêt ? L'intérêt est en quelque sorte le plaisir à l'état abstrait, généralisé et impersonnel, dépouillé par là même de ce qui fait son attrait pour les tempéraments ardents et fougueux.

Supposons même que tous les esprits goûtent le plaisir sous la forme de l'intérêt, forme rationnelle, non sensible ;

voueront-ils à l'intérêt un culte mystique, s'attacheront-ils
à l'intérêt en soi ? L'individu, dont la destinée, pour liée
qu'elle soit à celle de la société, ne laisse pas d'en être
distincte, étant par exemple plus courte, trouvera-t-il sa
satisfaction personnelle dans la considération du plus grand
bonheur pour le plus grand nombre, quelle que soit sa
part dans la répartition du bonheur commun ? Il est au
moins hardi de le prétendre.

Enfin· ne manque-t-il pas au bonheur, pour pouvoir être
réparti au mieux des intérêts de tous et de chacun, d'être
d'abord fixé ? L'évaluation objective ou scientifique, qu'on
en prétend faire, est en réalité arbitraire. Elle pèche
d'abord par défaut : le bonheur renferme des éléments
personnels, inhérents au tempérament de chacun. Bentham
suppose une *nature sensible*, qui serait la même chez
tous les hommes, ou bien il croit qu'on peut créer une
telle nature, en disciplinant les esprits. Il forme donc,
d'un point de vue étroit, et d'après une expérience incomplète, un *concept* du bonheur, qu'il érige ensuite en règle
universelle et absolue. Il admet que tous les hommes
s'accommoderont, et devront s'accommoder d'un même
idéal de bonheur, atteint par chacun sous des formes et à
des degrés différents ; il fait abstraction de la différence
des esprits et de l'inégalité des conditions. Par un paradoxe violent, il réduit à l'unité la diversité des tempéraments, et identifie ces contraires : l'intérêt personnel et
l'intérêt commun.

C. — *L'utilitarisme transformé de Stuart Mill.*

Stuart Mill, disciple de Bentham, apporte un perfection-
nement et un correctif à la doctrine de son maître ; il

l'élargit, en adoucit la forme outrancière et violente. Il introduit dans l'appréciation des plaisirs la considération de la *qualité*. Tel plaisir peut et même doit être préféré à tel autre, non seulement parce qu'il est plus *grand*, mais parce qu'il est plus *élevé*. « Aucun être intelligent ne voudrait être un imbécile, aucun individu instruit, un ignorant, aucune personne, ayant du cœur et de la conscience, ne se déciderait à devenir égoïste et vile, quand bien même on leur persuaderait que l'imbécile, l'ignorant et le coquin sont plus satisfaits de leur lot qu'eux-mêmes ne le sont du leur ». Autrement dit, il ne suffit pas d'être heureux, on veut, on doit vouloir un bonheur digne de soi, donnant satisfaction aux facultés les plus hautes de sa nature. « Mieux vaut être un homme mécontent qu'un pourceau satisfait; mieux vaut être un Socrate mécontent qu'un imbécile satisfait; si l'imbécile et le pourceau pensent différemment, c'est qu'ils ne connaissent que le côté de la question qui les regarde. » Nous sommes, en effet, meilleurs juges que le pourceau et l'imbécile; nous pouvons comparer, ou tout au moins nous pouvons invoquer le témoignage de ceux qui, ayant éprouvé les jouissances de la brute et celles de l'homme, ont méprisé les premières en connaissance de cause. Stuart Mill n'admet pas qu'on goûte les plaisirs sans les juger, et que, quand on les juge inférieurs, on y reste attaché [1].

---

[1] On pourrait faire rentrer la morale de Stuart Mill dans cette doctrine, heureusement définie et caractérisée par JOUFFROY (*Cours de Droit naturel*, t. II, 15e leçon), « qui voit surtout dans la vertu ce qu'elle a de délicat, de noble et de beau, dans l'égoïsme ce qu'il a de vulgaire, de grossier et de laid, et qui préfère l'une à l'autre par un motif esthétique. Cette doctrine peut appartenir également ou à la classe des doctrines qui nous occupent (égoïstes), ou à celle des doctrines qui, en cherchant le principe de la morale dans une conception désintéressée de la raison, se méprennent et ne rencontrent pas le véritable. Elle

En cela, il paraît être inconséquent ; en effet, il récuse
d'abord l'expérience qui nous montre des hommes capables
de goûter ensemble ou tour à tour des plaisirs délicats et
grossiers ; ensuite, après avoir posé comme règle unique
la recherche du bonheur, il édicte une autre règle, qui
limite et anéantit la première, laquelle est de garder le sentiment de sa dignité, et d'avoir à se respecter, fût-ce au
préjudice des plaisirs. Mais, en réalité, Stuart Mill élargit
seulement la notion du bonheur, que Bentham et les autres
utilitaires avaient trop simplifiée. Il y fait entrer, comme
il dit, des « éléments stoïques et chrétiens », à savoir non
seulement ce *sentiment de dignité* qui, chez certains
hommes, « forme une partie si essentielle de leur bonheur
que rien de ce qui entre en lutte avec lui ne saurait, si ce
n'est momentanément, leur être objet de désir », mais
encore la *vertu*, conçue d'abord comme moyen ou condition du bonheur, puis comme élément constituant du
bonheur, plus précieux même que la synthèse qu'elle contribue à former. « La vie en effet serait une pauvre chose,
bien mal pourvue de sources de bonheur, s'il n'existait
pas cette loi de la nature, grâce à laquelle des choses originairement indifférentes, mais qui tendent à la satisfaction

<hr/>

appartient à cette dernière classe de doctrines, quand elle envisage
surtout la beauté de la vertu, et à la classe des doctrines égoïstes,
quand elle a principalement en vue le plaisir esthétique que la vertu
donne, et qu'elle conseille la vertu comme moyen de l'obtenir. Ce dernier système peut être considéré comme le plus haut raffinement de
l'égoïsme ; il est, à leur insu peut-être, celui d'une foule de personnes
bien élevées et bien nées, qui se conduisent avec toutes les délicatesses du désintéressement, non par élévation d'âme, mais par sus-
ceptibilité de goût, et qui répugnent à l'égoïsme comme aux mauvaises
odeurs, uniquement parce qu'il affecte désagréablement leurs sens,
mais égoïstes dans cette répugnance même que l'égoïsme leur inspire, et que le vice peut séduire, en se couvrant de fleurs et de
parfums ». On trouvera des réflexions analogues dans JANET : *la
Morale* (DELAGRAVE) : examen du système de Stuart Mill, liv. I, ch. I,
p. 15, sqq.

de nos désirs, ou qui y sont autrement *associées*, devien-nent en elles-mêmes des sources de plaisir, plus précieuses que les plaisirs primitifs, par leur *stabilité*, par l'*espace de l'existence humaine qu'elles sont capables d'envelopper* et même par leur *intensité*. La vertu est un bien de ce genre[1] ».

C'est ainsi encore que, par une évolution remarquable des sentiments, produit naturel de l'association des idées, nous en venons à placer notre bonheur dans celui des autres, à prendre pour fin, non notre intérêt propre, mais l'intérêt supérieur de l'humanité. Par une sorte de chimie, pour ne pas dire d'alchimie mentale, la vertu se substitue, comme fin, au bonheur, et le bonheur général, au bonheur égoïste. Stuart Mill fait ainsi produire à l'utilitarisme des fruits inattendus. Il montre que l'âme moderne est devenue exigeante en fait de bonheur, qu'elle a des raffinements, des délicatesses morales qui ne se laissent point oublier. La question est de savoir si l'utilitarisme, tel qu'il l'a conçu, ne se retourne pas contre lui-même, si ses consé-quences ne contredisent pas ses principes, si son dévelop-pement n'entraîne pas sa dissolution et sa ruine. L'évolution morale, — comme on pourrait le montrer également chez Spencer, — ne consisterait-elle pas ici à partir du bonheur, mais à arriver à une fin plus haute, qui le dépasse et le nie?

Stuart Mill va nous éclairer lui-même sur ce doute. Il en est venu à renier formellement la doctrine du bonheur, à reconnaître du moins que le bonheur ne peut être « le but direct de l'existence ». Par là il faut entendre, non pas sans doute que le bonheur n'est pas désirable, mais qu'il ne doit pas être recherché, bien mieux, que le plus sûr moyen de l'atteindre est d'en détourner sa pensée,

---

[1] Stuart Mill. *L'Utilitarisme.* Paris, F. Alcan.

d'avoir l'esprit tendu vers quelque autre fin, « par exemple, vers l'amélioration de la condition humaine, même vers quelque acte, quelque recherche » désintéressée, quelle qu'elle soit. « Aspirant ainsi à une autre chose, on trouve le bonheur *chemin faisant*. Les plaisirs de la vie suffisent pour en faire une chose agréable, quand on *les cueille en passant, sans en faire l'objet principal de l'existence.* Essayez d'en faire le but principal de la vie, et du coup vous ne les trouvez plus suffisants. Ils ne supportent pas un examen rigoureux. Demandez-vous si vous êtes heureux, et vous cessez de l'être. *Pour être heureux, il n'est qu'un seul moyen, qui consiste à prendre pour fin de la vie, non pas le bonheur, mais quelque fin étrangère au bonheur.* Que votre intelligence, votre analyse, votre examen de conscience s'absorbe dans cette recherche, et *vous respirerez le bonheur avec l'air, sans le remarquer, sans y penser, sans demander à l'imagination de le figurer par anticipation, et aussi sans le mettre en fuite par une fatale manie de le mettre en question*[1]. »

Ne nous donnons pas le facile plaisir de triompher des contradictions de Stuart Mill, faisant du désintéressement la condition du bonheur, ressuscitant la théorie du *divertissement* de Pascal, prenant comme mot d'ordre : Étourdissez-vous !... pourvu seulement que vous choisissiez des étourdissements nobles et avouables. Remarquons plutôt qu'il met le plaisir à sa vraie place dans la vie, qu'il en fait, comme Aristote, un accident, un épiphénomène (ἐπιγέννημα), une faveur ou une grâce dont il faut se rendre digne, mais qu'il ne faut point convoiter, qu'il ne faut point surtout prétendre enlever d'assaut et par force.

[1] STUART MILL. *Mémoires*, ch. V.

Mieux encore, il en fait, non une réunion d'avantages matériels, mais un état d'âme, une disposition subjective, laquelle paraît être la résignation à s'en passer, favorisant elle-même l'aptitude à en jouir comme d'une aubaine, d'une surprise heureuse.

Le bonheur est sans doute, en un sens, le ressort de notre vie, l'objet dernier de nos vœux, l'espérance qui nous soutient; mais il ne laisse pas d'être cependant, au point de vue de la volonté, accessoire. En effet, on n'a pas à le chercher, il se produit de lui-même, par surcroît, quand la vie est débordante et pleine, harmonieuse et sage, quand elle est l'emploi le plus intense, le plus haut et le meilleur de nos facultés. Il est un épanouissement, et non un but. Il est le critérium peut-être de la moralité parfaite, mais il n'en est pas la substance ou l'objet. On s'expose à manquer sa vie en courant après le bonheur, il faut se contenter de le cueillir, comme la récompense normale, et à peu près assurée, d'une vie morale profonde, désintéressée et sérieuse, pleinement et largement humaine.

En poussant jusqu'au bout l'analyse de l'utilitarisme, Stuart Mill nous montre sans doute ce qu'il a de vrai et de fondé, mais aussi et surtout ce qu'il a de contradictoire et d'étroit; et, en prétendant nous enfermer avec lui dans ce système, il nous ouvre, sans le vouloir, une porte de sortie.

En résumé, le bonheur est un mot magique qui soulève les âmes. Mais ce mot n'opère qu'à la faveur du mystère. Il ne faut pas en préciser le sens. Les hommes ne s'entendent sur le bonheur qu'à la condition de ne pas le définir. Les uns le font consister dans la jouissance immédiate, les autres, dans la continuité des plaisirs ; les uns dans la possession des biens matériels, les autres, dans les heureuses dispositions de l'âme. Les plus subtils, qui ne sont pas peut-être les moins avisés, en abandonnent la recherche, et le goûtent alors comme prix de leur renoncement.

Le bonheur est-il donc un idéal subjectif, que chacun conçoit et réalise à sa manière, et dont il est seul juge ! On comprendrait mal alors le soin avec lequel les moralistes édifient leurs systèmes et l'ardeur qu'ils mettent à les défendre. Ces systèmes valent d'abord comme documents psychologiques. Il convient, non de les opposer entre eux, de les réfuter l'un par l'autre, mais de dégager leur vérité partielle, de les synthétiser et de les classer hiérarchiquement. Le bonheur est la fin de tous les hommes ; mais tous les hommes n'ont pas la même nature, les mêmes aspirations. On peut admettre une aristocratie morale. « Il y a plus d'une demeure, dit le Christ, dans la maison de mon père. » Mais les éléments dont se compose le bonheur de l'homme sont loin d'avoir le même prix. Il s'agit de faire prévaloir les plus purs et les plus délicats. C'est pourquoi la fin morale a paru être parfois de lutter contre l'instinct eudémoniste, alors qu'elle est en réalité de porter cet instinct à sa perfection, de réaliser la forme la plus haute et la plus noble du bonheur humain. La question n'est pas de savoir s'il faut rechercher le bonheur, mais où il faut placer le bonheur.

Sujets à traiter :

I. — *Critique de l'idée de plaisir* (Faire l'analyse psychologique du plaisir et, partant des conclusions de cette analyse, chercher quelle est, au point de vue moral, la valeur du plaisir).

II. — *Critique de l'idée d'intérêt* (Même plan).

III. — *L'hédonisme et l'utilitarisme. Leurs défauts et mérites respectifs, aux points de vue psychologique, logique, moral.*

IV. — *Dégager le sens philosophique de la fable de Gryllus (ce compagnon d'Ulysse transformé par Circé en pourceau, et qui refuse de reprendre la forme d'homme). V. le dialogue de Fénelon.*

V. — *L'équivoque du mot bonheur. Enumérer, classer et hiérarchiser les différentes acceptions de ce mot.*

VI. — *Comparer, au double point de vue logique et moral, l'utilitarisme de Bentham et celui de Stuart Mill.*

VII. — *Du véritable rôle du bonheur en morale.*

CHAPITRE IV

MORALE DU SENTIMENT

SOMMAIRE

Par *morale du sentiment* on entend la morale altruiste.

On peut donner pour base à la morale divers sentiments, par exemple la sympathie, l'honneur, la pitié.

I. *Morale de la sympathie* (Adam Smith). — La sympathie est « la faculté de partager les passions des hommes ». Elle étend nos sentiments, en accroît l'énergie. Elle est par elle-même une source du bonheur : on aime à l'inspirer et à l'éprouver. Elle tend à établir l'accord entre les hommes, accord précieux en lui-même, et qui, de plus, s'établit par la prédominance des sentiments les meilleurs. La sympathie est le critérium de la moralité. Elle inspire les vertus, elle explique le mérite et le démérite. Mais il faut prendre pour règle la sympathie, non « actuelle », mais « conditionnelle », c'est-à-dire se développant dans les conditions favorables et atteignant le degré voulu. Autrement dit, la sympathie n'est une règle qu'à la condition d'être réglée. Hypothèse du *spectateur impartial*. Critique du système d'Adam Smith. Ce système n'est point proprement une morale, mais un mécanisme psychologique, produisant des effets moraux.

II. *Morale de l'honneur*. — Elle est analogue à celle de la sympathie. L'honneur est le « désir d'être estimé ». Puissance de ce sentiment. Les égarements de l'honneur : le vrai et le faux honneur. L'honneur est une synthèse du respect de soi-même et de la crainte de l'opinion. La morale de l'honneur évolue comme celle de la sympathie ; elle comporte, elle appelle les mêmes corrections et redressements. Elle a le même sens, la même portée : elle est une objectivation, et par là même une exaltation de la conscience.

III. *La vraie morale sentimentale* est celle qui substitue le sentiment à la conscience et n'ajoute pas simplement le sentiment à la conscience. Telle est celle de Schopenhauer. La pitié, à elle seule, tient lieu de morale, et suffit à fonder la morale. Théorie curieuse, mais incomplète, arbitraire, et qui vaut seulement comme type de la morale sentimentale. — Vrai rôle du sentiment en morale.

LA MORALE DU SENTIMENT

On donne le nom vague de *morale du sentiment* à toute morale qui se fonde sur un sentiment autre que l'égoïsme ou l'intérêt. Nous avons vu Stuart Mill, parti des principes de l'utilitarisme, aboutir à cette conclusion que, pour être heureux, il faut prendre cette voie détournée, paradoxale et en apparence contradictoire, de poursuivre une tâche désintéressée, quelle qu'elle soit. La morale sentimentale paraît plus humaine et plus acceptable, comme s'attachant à un objet moins abstrait : elle enseigne que, pour être heureux, il faut s'oublier soi-même, et vivre « en autrui et pour autrui » (A. Comte). Elle est, de son vrai nom, l'altruisme, et s'énonce ainsi : Assurer son bonheur, c'est l'aliéner.

Cette morale revêt autant de formes qu'il y a de sentiments, je ne dis pas désintéressés, mais intrapersonnels ou sociaux. Nous n'étudierons que les plus célèbres et les plus caractéristiques, celles qui se fondent sur la sympathie, sur le sentiment de l'honneur et sur la pitié .

A. — *La morale de la sympathie.*

Adam Smith donne pour base à la morale la sympathie. Il entend par sympathie « la faculté de partager les passions des hommes, quelles qu'elles soient », d'éprouver leurs émotions par contre-coup, de souffrir leurs souffrances, de jouir de leur joie, d'entrer en communauté, non seulement de sentiments, mais de pensées et d'actes avec eux, d'imiter ce qu'ils font, de croire ce qu'ils croient. L'imitation, la mode, la contagion morale rentrent ainsi dans la sympathie.

La sympathie a pour effet d'élargir le cercle de notre vie morale, d'étendre nos sentiments, de faire que « rien d'humain ne nous demeure étranger », et d'élever en même temps le ton de nos sentiments, d'en accroître jusqu'au paroxysme l'énergie et la puissance : on sait quelles sont les passions des foules, leur cruauté, leur sauvagerie, et aussi leur générosité, leur chaleur d'âme, leurs élans d'enthousiasme et de foi.

La sympathie est une source de bonheur en elle-même et par ses effets. Nous sommes heureux de l'inspirer et heureux de la ressentir. « Rien ne nous plaît tant que de trouver de la sympathie dans les autres à notre égard, et rien ne nous choque tant que de les en voir manquer. » La sympathie accroît les plaisirs et soulage les peines. « La douceur qu'on trouve à faire partager ses peines » va jusqu'à « compenser et au delà le soin qu'on a pris, pour y parvenir, de rappeler et de renouveler ses chagrins ». Nous ne jouissons pas moins d'être le sujet de la sympathie que d'en être l'objet. « Le triste privilège de ne pas sympathiser avec un être souffrant, loin de nous paraître un avantage, nous rend mécontents de nous-mêmes. »

La sympathie est-elle la condition du bonheur, ou le bonheur consiste-t-il à inspirer, et plus encore, à ressentir la sympathie ? On ne saurait le dire. Comme Socrate vouait aux dieux infernaux celui qui le premier avait séparé le bien de l'utile, Adam Smith eût trouvé sans doute malencontrouse l'idée de dissocier la sympathie et le bonheur ; il érige en fin morale indifféremment l'un ou l'autre, ou mieux, conjointement l'un et l'autre.

Mais si la sympathie vaut par elle-même, elle vaut aussi comme établissant un équilibre social, ou un « unisson psychologique » (Ribot). C'est un fait que des sentiments opposés tendent à se mettre d'accord : si, étant en colère, je me trouve en présence d'un homme de sang-froid, je ferai instinctivement effort pour me dominer, tandis que cet homme de son côté sortira de son calme et s'efforcera d'entrer dans mon sentiment. Comme, en vertu de la pesanteur, les corps tendent à se mettre en équilibre, comme, en vertu de la loi de l'offre et de la demande, les intérêts divers se font contrepoids, en vertu de la loi de la sympathie, l'équilibre moral ou l'harmonie sociale doit naturellement se produire, et c'est déjà un grand bien.

Toutefois l'accord des sentiments n'est lui-même un bien que parce qu'il s'établit par la prédominance des sentiments les meilleurs. Mais précisément les lois de la sympathie sont telles que les sentiments les meilleurs sont ceux avec lesquels nous sympathisons d'instinct, et les sentiments mauvais, ceux dans lesquels nous avons peine à entrer, ou pour lesquels nous éprouvons de l'antipathie. La sympathie est ainsi le criterium de la moralité.

Dira-t-on que ce criterium est insuffisant, qu'il nous permet d'apprécier la moralité des autres, non la nôtre ? Mais nous sympathisons aussi avec nous-mêmes, en tant que nous évoquons un témoin ou spectateur imaginaire de nos actes, lequel nous accorde ou nous retire sa sympathie, comme ferait un témoin réel.

Dira-t-on que la sympathie elle-même, par suite des dispositions de l'humeur présente, peut ne pas se trouver au

ten ou au degré voulu? Mais il faut distinguer une sympathie « actuelle » et une sympathie « conditionnelle ». La
première, en effet, peut faire défaut, ou être imparfaite,
mais nous y suppléons par la réflexion, c'est-à-dire que
nous substituons à la sympathie « actuelle », qui nous
manque, celle que nous savons que nous éprouverions, si
nous étions dans les conditions voulues. Ainsi quelqu'un
vient de perdre son père, et sa douleur emportée ne nous
touche pas présentement autant qu'elle devrait. « Une
perte semblable nous a cependant appris la profonde douleur qui l'accompagne; et, *si nous avions le temps d'en
considérer toute l'amertume* (voilà la condition) nous
éprouverions une vive sympathie. C'est sur le sentiment
de cette sympathie *conditionnelle* qu'est fondée l'approbation que nous donnons à la douleur dont nous sommes
témoins, même si cette sympathie n'a pu se développer en
nous, et les *règles générales* (voilà le devoir), *que l'expérience nous a fait tirer de nos sentiments sympathiques
suppléent à ce que ces sentiments ont quelquefois d'incomplet et de défectueux*[1] ». Adam Smith prévoit toutes
les objections, a réponse à tout.

Il interprète encore dans le sens de la sympathie les
« sentiments moraux », les « vertus », le « mérite et le
démérite ». La satisfaction morale est le plaisir d'être et
de se sentir en sympathie avec ses semblables, le remords,
le déplaisir de sentir leur aversion. Les vertus naissent,
soit de l'effort tenté par le spectateur pour entrer dans les
sentiments de la personne intéressée (les *vertus bienveil-
lantes*, douces, aimables, par exemple : la naïve condescen-
dance, l'indulgente humanité), soit de l'effort tenté par la

---

[1] ADAM SMITH. *Théorie des sentiments moraux*. Partie I, sect. I, ch. III.

personne intéressée pour se mettre au niveau du spectateur (les *vertus respectables* : l'empire sur soi, par exemple : la douleur qui se contient, garde sa dignité, — la colère qui modère ses mouvements et « borne sa vengeance à ce que pourrait dicter l'indignation d'un spectateur impartial ») ; elles consistent encore, soit dans le fait de s'abstenir des actions de nature à exciter l'aversion des autres (vertu négative : la *justice*), soit dans le fait de se porter aux actions qui doivent exciter la sympathie des autres (vertu positive : la *bienfaisance*). — Le mérite est le droit à la sympathie et au bonheur ; le démérite, le châtiment ou le blâme pour une conduite indigne de toute sympathie.

Telle est, dans ses grandes lignes, la doctrine d'Adam Smith. Cette doctrine est appelée improprement une morale. Elle est, en réalité, l'analyse pénétrante, ingénieuse, d'un mécanisme psychologique, produisant des effets moraux. Nos instincts ont « un but bienfaisant que leur a assigné le maître souverain de la nature ». Comment ce but est-il atteint ? Par quelles voies, quels détours compliqués et subtils ? C'est ce que Smith indique en étudiant les lois psychologiques de la sympathie.

On peut trouver arbitraire la suprématie qu'il accorde à la sympathie sur les autres penchants. Si merveilleux que soit en lui-même, et par ses effets, l'instinct de la sympathie, cet instinct ne commande pas toute la vie morale. Il est même (Adam Smith le reconnaît) des cas où la moralité consiste à ne pas le suivre : ainsi il ne faut pas toujours se féliciter des sympathies qu'on rencontre, et il faut se consoler de e pas obtenir la sympathie quand on en est digne. Il faut, dans ces cas, sinon toujours, en appeler à un spectateur idéal, lequel ne fait jamais défaut, et accorde toujours sa sympathie comme il convient. Mais ce spectateur impartial, invisible et présent, qu'est-ce autre chose que la conscience, dont Adam Smith prétendait pouvoir se passer, ou mieux à laquelle il croyait pouvoir substituer un équivalent plus concret, plus vivant et plus humain ? Par l'hypothèse du *spectateur impartial*, Adam Smith se contredit, ou, si l'on veut, renie son système, pour rentrer dans la vérité. La moralité n'est point l'effet naturel de la sympathie; c'est la sympathie elle-même qui doit se transformer, devenir normale ou idéale, pour que la moralité puisse en sortir.

La doctrine de la sympathie appelle encore une autre remarque, où l'on pourra voir une critique plus fondamentale, plus grave. Cette doctrine revient à nier la conscience, ou à la supposer par elle-même si vacillante, si faible, qu'elle a besoin de trouver un appui au dehors, bien plus, qu'elle n'existe que par cet appui. En d'autres termes, la moralité se réduirait à la socialité; elle serait la résultante ou l'effet de la vie en commun, au lieu d'en être le principe ou la règle.

B. — *La morale de l'honneur.*

En regard de la morale philosophique de la sympathie, telle que l'a formulée Adam Smith, on peut placer la morale populaire de l'honneur. La seconde n'est ni moins profonde, ni moins raffinée et moins subtile que la première; elle a historiquement une portée plus grande; elle a exercé et exerce encore sur les âmes une action à la fois plus étendue et plus puissante.

L'analogie des deux morales est frappante. Elles reposent sur le même principe, comportent les mêmes distinctions ou revêtent les mêmes formes, sont soumises à la même évolution, soulèvent les mêmes objections et appellent la même critique.

La réalité psychologique du sentiment de l'honneur est aussi aisée à établir que celle de la sympathie. Le sentiment de l'honneur est « le désir d'être estimé de ceux avec qui on est » (Pascal). Ce désir est inné en l'homme, fait partie de sa nature, de ses instincts d' « animal sociable » (Aristote). « Quelque possession qu'il ait sur la terre, quelque santé et commodité essentielle qu'il ait, il n'est pas satisfait, s'il n'est dans l'estime des hommes. Il estime si grande la raison de l'homme que, quelque avantage qu'il ait sur la terre, s'il n'est placé avantageusement aussi dans la raison de l'homme, il n'est pas content. C'est la plus belle place du monde, rien ne peut le détourner de ce désir, et c'est la qualité la plus ineffaçable du cœur de l'homme » (Pascal).

L'honneur a « une vitalité indéfinissable ». Il « se tient debout au milieu de tous nos vices. Son culte, interprété de manières diverses, est toujours incontesté. Les hommes actuels, les hommes de l'heure où j'écris, sont sceptiques et ironiques pour toute chose, hors pour la religion de l'honneur. Chacun devient grave, lorsque son nom est prononcé. Ceci n'est point théorie, mais observation. L'homme, au nom d'honneur, sent remuer quelque chose en lui qui est comme une part de lui-même, et cette secousse réveille toutes les forces de son orgueil et de son énergie primitive. Une fermeté invincible le soutient contre tous et contre lui-même, à cette pensée de veiller sur ce tabernacle pur, qui est dans sa poitrine, comme un second cœur où siégerait un dieu[1] ».

---

[1] A. DE VIGNY. *Servitude et grandeur militaire*, Calmann Lévy.

Ce n'est pas que l'honneur ne puisse s'attacher à des objets indignes, tout au moins illusoires, chimériques, et ne puisse revêtir des formes puériles et choquantes. La recherche de la gloire est à la fois « la plus grande bassesse de l'homme » et « la plus grande marque de son excellence ». La crainte d'être méprisé, le désir d'être honoré peuvent être la source de toutes les faiblesses, du respect humain, de la vanité, de l'asservissement à la mode, du préjugé, de la lâcheté morale, des viles complaisances, de la jactance et de la fanfaronnade dans le vice. C'est notre grande misère, dit Pascal, de ne pas nous contenter « de la vie que nous avons en nous et en notre propre être », et de vouloir « vivre dans l'idée des autres d'une vie imaginaire » ; nous ne voulons pas seulement *être*, mais *paraître*, et « nous serions volontiers poltrons pour acquérir la réputation d'être vaillants[1] ».

L'honneur a donc avec la sympathie ce caractère commun d'être, à première vue, distinct de la moralité, à laquelle il ne conduit pas toujours, dont parfois il détourne.

---

[1] Pour l'exposé et la critique de la morale de l'honneur, voir BERKELEY : *Alciphron, dial.* III. L'honneur est un principe de moralité *étroite*, *incomplète*. Il n'est pas incompatible avec certains vices, comme la galanterie, le duel, le jeu : il est donc « à peu près pareil à la *probité des pirates :* quelque chose de particulier entre eux et à quoi ceux qui se sont unis ensemble peuvent peut-être trouver leur compte, mais contre quoi les autres hommes doivent soigneusement être en garde ». — L'honneur, « considéré comme *un principe distinct* de la conscience, de la religion, de la raison et de la vertu », n'est autre chose « qu'un nom ». Les hommes d'honneur « ont moins de vertu que les autres hommes, et ce qu'ils en ont, ou paraissent avoir, est dû à la bienséance, pour ne pas dire à une conscience imbue de bonne heure de quelques principes de religion, et qui en conserve dans la suite quelque teinture sans le savoir ». Le « caractère spécieux de l'honneur, lorsqu'il n'est soutenu d'aucun sentiment de conscience ou de religion, pour lui prêter de la substance et de la vie, est un météore qui s'évanouit en l'air ». — L'homme d'honneur accomplit des actions déshonnêtes, mais ne veut pas qu'on le lui dise. « Il abhorre le démenti, mais n'a pas la moindre horreur pour le mensonge. »

Mais si c'est une faiblesse de vouloir être honoré, de n'importe quelle manière et par n'importe quels moyens, ce n'en est pas une de vouloir être estimé vraiment, pour des motifs réels et valables; et l'expérience montre que l'estime qui se fonde sur des motifs moraux est seule sérieuse, profonde et durable. Ce n'est pas proprement vouloir être honoré que de consentir à l'être par surprise, par mensonge et par ruse, autrement dit, que de consentir, pour l'être, à se déshonorer à ses propres yeux.

On distingue communément l'honneur « qui se tire de l'opinion publique et celui qui dérive de l'estime de soi-même »; celui-ci serait le *vrai*, l'autre, le *faux honneur*. Mais, outre qu'on peut voir dans l'estime de soi-même une simple transformation et épuration de l'estime ou de l'approbation d'autrui (selon la théorie associationiste exposée ci-dessus), il convient de remarquer que nous ne dissocions jamais entièrement l'une et l'autre. Nous partageons toujours à quelque degré les préjugés de l'honneur auxquels nous soumettons notre conduite; notre conscience, si libre, si indépendante et si ferme qu'elle soit, a sa forme sociale; elle n'est pas si sûre d'elle-même qu'elle n'éprouve le besoin de s'appuyer sur les croyances communes; il lui arrive d'accomplir un retour imprévu à de telles croyances, alors qu'elle en paraissait détachée. L'honneur n'est donc proprement ni la crainte de l'opinion ni le respect de soi-même; il est la synthèse des deux.

Si l'honneur parfois consiste à s'affranchir de l'opinion, à braver l'impopularité, le mépris et la haine des hommes, il ne change pas pour cela de nature et ne se confond pas avec le pur sentiment moral. On ne laisse pas en effet de vouloir se rendre digne alors de l'estime des hommes; on n'accepte que provisoirement leur mépris; on en appelle de leur jugement présent à leur jugement à venir. Il n'y a point là de contradiction ; il y en aurait plutôt à accepter des hommages qu'on méprise, et qu'on est exposé à voir se retourner et se transformer en affront. La distinction du *vrai* et du *faux* honneur est donc analogue à celle qu'Adam Smith établit entre la sympathie *actuelle* et la sympathie *conditionnelle*.

Ce qui caractérise la morale de l'honneur, comme aussi bien celle de la sympathie, c'est qu'elle considère la conscience individuelle comme ne se suffisant pas à elle-même, c'est qu'elle lui donne l'opinion, d'ailleurs bien éclairée, comme confirmation et comme appui ; c'est qu'elle met en lumière le caractère social de la moralité.

« L'honneur, dit Vigny, c'est la conscience, mais la conscience exaltée. » Exaltée en effet par l'évocation d'autres consciences, prises à la fois pour témoins et pour juges. L'homme isolé est faible; cela peut s'entendre aussi moralement. L'honneur, quand il s'ajoute à la conscience sans l'altérer ni la corrompre, l'exalte et la grandit. « C'est le respect de soi-même et de la beauté de sa vie porté jusqu'à la plus pure élévation et jusqu'à la passion la plus ardente... Toujours et partout il maintient dans toute sa beauté la dignité personnelle de l'homme. L'honneur, c'est la pudeur virile. » Qu'on pèse ce que vaut cette expression populaire : *Donner sa parole d'honneur !* Un engagement pris vis-à-vis de soi-même, seul à seul avec sa conscience, paraîtrait-il aussi solennel, aurait-il autant de force et de puissance, j'entends chez toutes les âmes ? Nous voyons que « chacun a sa parole d'honneur, et s'y attache comme à sa vie. Le joueur a la sienne, l'estime sacrée et la garde ; dans le désordre des passions, elle est donnée, reçue, et, toute profane qu'elle est, on la tient saintement. Cette parole est belle partout, et partout consacrée » (Vigny).

L'honneur est donc un principe d'action, d'une haute
portée morale. Il ne supplée pas sans doute à la conscience; il ne doit pas aller contre elle, il lui est subordonné et soumis ; mais il lui sert d'appoint. Il est, ou doit
être, diraient les philosophes, l'objectivation de la conscience[1].

Quant à l'opposition, souvent signalée entre l'honneur et
le sentiment moral, elle est réelle, mais non point telle
qu'il faille nécessairement opter entre ces deux sentiments,
et qu'on doive renoncer à les mettre d'accord, en subor-
donnant l'un à l'autre.

C. — *La vraie morale sentimentale.*

Aux doctrines qu'on vient d'exposer il convient de joindre,
en l'en distinguant, celle de Schopenhauer, donnant pour
base à la morale le sentiment de la pitié. Tandis que la
sympathie et l'honneur supposent la moralité, et ne la créent
point, mais la projettent seulement en dehors de la conscience individuelle, la pitié est présentée vraiment comme
un principe moral, qui n'en suppose aucun autre, et tend
à remplacer tous les autres.

Selon Schopenhauer, la volonté peut naturellement et
directement poursuivre ou son bien propre (c'est l'égoïsme),
ou le mal d'autrui (c'est la cruauté), ou le bien d'autrui
(c'est la pitié). La moralité est la conduite qui s'inspire
uniquement de la pitié, qui n'est ni égoïste ni cruelle.
Dans ce monde, où le mal l'emporte sur le bien, notre

[1] Sur la distinction du vrai et du faux honneur, sur la subordination
de l'honneur au devoir, voir ROUSSEAU, La *Nouvelle Héloïse*, partie 1,
lettre LVII.

cœur s'ouvre d'abord à la pitié pour la souffrance des autres, et ne s'émeut qu'ensuite et indirectement pour leur bonheur. Le mal des autres nous touche comme ferait le nôtre; notre compassion pour autrui réprime et contient en nous l'égoïsme, nous détourne des actes par lesquels nous serions pour les autres une cause de souffrance (c'est là le principe de la justice) et nous porte aux actes par lesquels nous épargnons aux autres la souffrance, nous les assistons, leur venons en aide (c'est là le principe de la charité). Toutes les vertus se déduisent de la pitié. Être moral, c'est avoir bon cœur, et ce n'est que cela[1].

Telle est la vraie doctrine sentimentale, j'entends celle qui fait appel au seul principe du sentiment pour fonder la morale. Elle séduit par sa simplicité, plus apparente d'ailleurs que réelle. Schopenhauer, en effet, reconnaît que le sentiment peut faire défaut, qu'il faut y suppléer alors par des *principes*, lesquels ne sont, il est vrai, que le sentiment dégagé, à l'état abstrait, érigé en règle, et suivi encore, alors qu'il n'agit plus. On peut dénoncer encore comme arbitraire le choix que fait Schopenhauer de la pitié comme principe de la morale.

Un point cependant peut être tenu pour acquis; c'est que le sentiment ne peut être exclu de la morale, c'est qu'il y a sa place, et une grande place, soit comme allié naturel de la conscience, qu'il renforce et exalte, soit comme source directe, d'où la conscience jaillit, et où elle puise ses inspirations.

[1] Renouvier, après avoir fondé la morale sur la pure idée de *justice* (dans la *Science de la Morale*), aurait voulu, sur la fin de sa vie, la fonder aussi en partie sur « la bonté, sur la pitié ». V. *Les derniers entretiens recueillis par L. Prat : la Pitié* (p. 91-96). Nous avons donné un extrait de ce remarquable chapitre, dans nos *Leçons de morale* (Ancel et Dugas; Paulin).

Sujets à traiter :

I. — *Montrer l'intérêt et la valeur psychologique de la doctrine d'Adam Smith sur la sympathie, et la faiblesse de cette doctrine au point de vue moral.*

II. — *Décrire la genèse du sentiment de l'honneur. Indiquer le sens et la portée morale de ce sentiment.*

III. — *Le préjugé de l'honneur.*

IV. — *Peut-on fonder une morale sur ce qu'on a appelé la religion de la souffrance humaine?*

V. — *Y a-t-il une relation entre la philosophie pessimiste et la morale fondée sur le sentiment de la pitié ?*

CHAPITRE V

LE DEVOIR

SOMMAIRE

Le mot devoir est équivoque ; il désigne la *chose due*, à savoir le bien, ou le *devoir* lui-même, à savoir la loi qui commande de faire le bien.

Considéré en lui-même, abstraction faite de son objet, le devoir est une *loi*, mais une loi de nature spéciale, qui s'oppose à la fois aux lois de la nature ou lois physiques et aux lois humaines ou lois civiles.

Les *lois physiques* sont des nécessités *matérielles* ou de fait. Elles sont observées toujours et nécessairement. Elles sont *indicatives*. Les *lois civiles* expriment des nécessités *idéales*, c'est-à-dire qu'elles doivent être observées, mais peuvent ne pas l'être. Elles sont *impératives*, ou préceptives. Elles procèdent de la volonté du législateur ; on fait appel à la crainte des châtiments pour en assurer le respect. Les *lois morales* ont ceci de commun avec les lois civiles qu'elles sont *idéales*, *impératives*, et peuvent être violées en fait ; elles en diffèrent en ce qu'elles émanent de la conscience, non de la volonté des hommes, et qu'elles veulent être respectées pour elles-mêmes, et n'ont pas recours à la crainte pour se faire obéir.

Kant définit le devoir ou *impératif catégorique* un commandement donné sans condition, et l'oppose à l'impératif *hypothétique*, ou commandement donné sous condition. Sens et portée de cette distinction. Tout commandement est hypothétique, en un sens, catégorique, en un autre. Le devoir n'a pas, à ce point de vue, de caractère privilégié.

Kant définit encore le devoir une maxime d'action, pouvant être érigée en règle *universelle*. Il indique ainsi un caractère simplement signalétique de la moralité, il n'indique pas l'objet et le fondement de la moralité. Encore ce caractère distinctif ou criterium est-il discutable ; à supposer que ce soit le propre des actions morales de pouvoir être universalisées, ce n'est pas parce qu'elles peuvent être universalisées qu'elles sont morales.

Le devoir, étant *universel* et *obligatoire* (moralement *nécessaire*), est *a priori :* il n'emprunte rien à l'expérience, c'est-à-dire aux penchants, et il ne s'est peut-être jamais rencontré dans l'expérience (Kant). Mais il paraît alors un concept vide.

En réalité, le devoir est l'obligation de s'en tenir à une fin morale, une fois posée, quelle que soit cette fin, intérêt ou sympathie. Importance du devoir ainsi défini : il est la moralité fixée, abstraite, rationalisée, régularisée. Il n'est point pourtant la moralité tout entière, ni même la moralité la plus haute. Il s'intercale entre l'instinct, ou spontanéité morale, et la vertu, ou moralité acquise, et sert à passer de l'une à l'autre.

LE DEVOIR

La conscience ne se borne pas à connaître le bien ; elle le prescrit ; elle l'érige en loi. Il n'y a pas lieu de distinguer, comme le fait Schopenhauer, « la raison pratique, avec son impératif catégorique », en tant que commandement prononçant « nécessairement *avant* l'acte, et la conscience, dans la rigueur, se prononçant seulement *après* ». La conscience est la science qu'a l'homme, non seulement de ce qu'il a fait, mais encore de ce qu'il doit faire ; elle n'est pas seulement un témoin, mais un législateur et un juge.

Les prescriptions de la conscience s'appellent le devoir. Mais le mot devoir est équivoque : il signifie la loi qui commande le bien, et le bien qui est commandé par la loi, le devoir proprement dit et la chose due. Nous allons d'abord considérer le devoir sous sa forme la plus simple, abstraction faite de sa matière ou de son contenu, et voir si, ainsi défini, il se suffit à lui-même, et constitue à lui seul, comme le prétend Kant, la moralité tout entière.

La notion la plus voisine de l'idée de devoir est celle de loi. Le devoir est une loi de nature spéciale, distincte à la fois des lois civiles et des lois physiques.

Il n'y a, à vrai dire, rien de commun que le nom entre la loi morale, ou le devoir, et les lois physiques. Une loi de la nature est un fait d'expérience constant, ou mieux, un rapport universel et nécessaire, observé entre deux ou plusieurs faits (ex. la loi de la chute des corps). Elle s'énonce à l'*indicatif* : ex. : tous les corps tombent dans le vide avec la même vitesse (*tombent*, entendez : tombent *toujours* et ne *peuvent manquer* de tomber). Une loi morale est un commandement qui s'adresse à des volontés. Elle a une forme *impérative*, ex. : Ne mens point. Une telle loi peut être enfreinte, et, en fait, l'est souvent. Selon Kant, il serait peut-être même dans la nature du devoir de n'être jamais rempli : on peut douter qu'un acte de devoir pur ait été jamais accompli dans le monde. Le devoir exprime une nécessité morale ou idéale, non réelle; une telle nécessité porte un nom spécial, celui d'*obligation*.

La loi morale diffère encore de la loi civile, quoiqu'elle ait avec celle-ci un caractère commun, celui d'être un commandement qui s'adresse à des agents libres. Elle en diffère 1° par son origine, 2° par son mode d'action sur les âmes, par le caractère et la nature de ses commandements. La loi civile est d'institution humaine; elle résulte d'une convention. Elle suppose une autorité externe, justifiée ou non, imposant sa volonté à d'autres volontés. La loi morale, au contraire, est, en un sens, naturelle; elle n'est pas imposée du dehors à l'agent, elle est en lui, elle est l'expression idéale de sa nature, la loi de sa raison. En se soumettant au devoir, l'homme ne reconnaît d'autre autorité que celle de sa conscience, ne relève que de lui-même. C'est

en quoi consiste ce qu'on appelle l'*autonomie morale*.
D'autre part, tandis que la loi civile pèse sur les volontés
par la crainte, menace de châtiment ceux qui seraient tentés
de l'enfreindre, et crée par là même un motif propre à
déterminer la volonté dans un sens contraire à ses inclinations naturelles, la loi morale n'use point de contrainte,
mais de persuasion; elle n'a recours ni aux menaces ni
aux promesses; elle ne se soutient pas par la crainte ni
par l'intérêt; elle n'inspire d'autre sentiment que le respect;
elle ne tire son autorité que d'elle-même.

Insistons sur le caractère original de la loi morale. Cette
loi, avons-nous dit, n'est pas *indicative*, comme celles de
la nature, mais *impérative*. Elle n'est pas non plus impérative à la façon des lois civiles, qui usent de la force pour
se faire obéir, qui sont contraignantes; elle ne commande
qu'au nom de la raison ou de la conscience, elle est seulement obligatoire.

Mais l'obligation morale ne laisse pas d'être un commandement impérieux et absolu. Kant distingue deux
sortes d'impératif : l'*impératif conditionnel ou hypothétique*, qui est un commandement donné sous condition
(ex. : Si tu veux être considéré, sois honnête — Si tu
veux qu'on te croie, ne mens point) et l'impératif *incon-
ditionnel* ou *catégorique*, ou absolu, qui est un commandement donné sans condition (ex. Sois honnête — Ne
mens point). — L'impératif hypothétique n'oblige, en un
sens, que ceux qui le veulent bien. Pour se soustraire à un
tel commandement, il suffit, en effet, de rejeter la condition
sous laquelle il est donné. Par exemple, si je fais bon mar-
ché de l'estime d'autrui, si je suis cynique et méprise l'o-
pinion, je ne suis donc pas tenu d'être honnête; si je ne
tiens pas à être cru, je puis donc mentir. En d'autres termes,

l'impératif conditionnel n'est un impératif que pour qui se soumet à la condition qu'il énonce ; mais cette condition elle-même, il n'est pas dit qu'on doive s'y soumettre, elle n'est pas l'objet d'un commandement, elle n'est pas une fin qui s'impose à la volonté. A proprement parler, il faut voir dans l'impératif hypothétique ou conditionnel, non une obligation morale, mais une nécessité logique, la nécessité de rester conséquent avec soi-même, et, voulant la fin, d'en prendre les moyens. Par suite, on peut remplacer, à la rigueur, l'impératif hypothétique par un impératif *disjonctif*, c'est-à-dire poser une alternative, et laisser à la volonté la faculté de choisir entre deux partis : Ex. : être honnête, quoi qu'il en coûte, pour jouir des avantages de l'honnêteté, ou s'affranchir des avantages de l'honnêteté, considérée comme une gêne, quelques dangers ou inconvénients qui en résultent. Mais commander deux choses à la fois, ou n'en commander qu'une, mais conditionnellement, cela s'appelle, en bon français, conseiller, proposer, mais non plus commander.

L'*impératif catégorique*, au contraire, ne laisse pas le choix entre *deux* partis, il dicte *un* parti ; il n'indique pas telle conduite à suivre comme un moyen obligé pour une fin facultative, il prescrit telle conduite comme une fin obligatoire. Sa formule est : Sois honnête, quoi qu'il arrive, et quoi que tu puisses penser des avantages ou des inconvénients de l'honnêteté. Fais ce que dois, advienne que pourra.

Ce qui caractérise le devoir, d'après Kant, ce qui le distingue de tout autre motif d'action, et particulièrement de l'intérêt, c'est d'être un impératif catégorique, ou commandement au sens propre, non une règle, au sens technique, ou un simple conseil. Plus généralement, ce qui distingue la morale, soit de la prudence, soit de l'art ou de l'habileté, c'est la nature, ou plutôt la forme absolue de ses commandements.

Mais la notion de *l'inconditionnalité* du devoir a été critiquée. Elle a paru artificielle, chimérique, bien plus contradictoire. « Quand une voix commande, dit Schopenhauer, qu'elle parte du dedans de nous ou du dehors, il est simplement impossible qu'elle n'ait pas le ton de la menace ou bien de la promesse ;... elle est donc essentiellement, inévitablement *hypothétique*, et jamais, comme Kant l'affirme, *catégorique*. » Tout commandement est soumis à une condition ; mais il peut seulement arriver que cette condition ne soit pas exprimée. Ainsi l'impératif : *Sois honnête !* paraît catégorique ; il est en réalité hypothétique ; on sous-entend la condition : *Si tu veux échapper aux remords de ta conscience.*

La remarque est juste. Mais ce qu'a voulu dire Kant est que la condition de l'impératif moral est toujours supposée remplie, qu'il serait scandaleux, inadmissible qu'elle ne le fût pas. Son tort est peut-être de croire que c'est là un caractère propre au devoir. L'utilitaire est fondé à faire exactement le même raisonnement. Quand on dit : *Sois tempérant, si tu veux te bien porter*, on suppose, en effet, le désir de conserver la santé trop naturel pour jamais faire défaut ; on tient ce désir pour indubitable et certain, et on regarderait comme fou ou déraisonnable celui qui ne l'aurait pas. Tout commandement, en réalité, postule une condition nécessairement remplie, mais est soumis à cette condition, et est ainsi, en un sens, absolu, en un autre, relatif. Prétendre que la nature du devoir est d'être obligatoire, et celle de l'intérêt, facultatif, est une pure pétition de principe. Il n'y a rien à tirer, en ce qui concerne l'es-

sence du devoir, de la distinction, toute nominale et
logique, de l'impératif catégorique et de l'impératif hypothétique, et nous n'aurions pas parlé de cette distinction,
si l'on n'avait pas coutume d'en exagérer l'importance. La
notion d'impératif catégorique est une de ces notions mal
analysées qui encombrent la morale et ne servent qu'à
« mystifier une jeunesse innocente » (Schopenhauer). Il
importait, à ce titre, d'en discuter le sens et la portée.
Il convient de reconnaître, mais il ne faut pas exagérer le
caractère impératif du devoir ; ce ne serait peut-être pas
le bon moyen d'en inspirer le respect ; on aurait l'air de
prêcher la morale en faisant la grosse voix.

Si Kant n'a pas réussi à distinguer le devoir de toute
autre fin morale, ou motif d'action, du point de vue de
l'obligation pure (quoiqu'il convienne d'ailleurs de lui
savoir gré d'avoir mis fortement en lumière le caractère impératif de toute règle morale), a-t-il été mieux
inspiré en le définissant, du point de vue formel, « une
maxime d'action, pouvant être érigée en règle universelle ». Expliquons d'abord ce qu'il entend par là. Pour
savoir, d'après lui, si une action est morale, il faut et il
suffit de se demander si on voudrait qu'elle fût accomplie
par tous les hommes. Si oui, cette action est bonne ; si
non, elle est mauvaise. Soit, par exemple, à chercher s'il
est bien ou mal de mentir. Cela revient à chercher « si je
peux vouloir que, de mentir, ce soit une règle universelle ».
Or, il est évident que non, « car alors on ne me croirait
plus, ou bien on me paierait en même monnaie ».

On peut trouver, avec Schopenhauer, que la règle de
Kant est au moins étrange. A la question : Qu'est-ce que
le devoir ? Kant répond : c'est ce que tous doivent faire.
Mais qu'est-ce donc précisément que tous doivent faire ?

Voilà la vraie question que Kant élude, ou se refuse à aborder de front. Il nous indique le critère ou caractère distinctif du devoir, il ne nous apprend pas ce qu'est le devoir lui-même. Il nous donne le moyen de reconnaître le devoir, il ne nous le fait pas proprement connaître. C'est quelque chose, c'est beaucoup de savoir que toute action qui peut être universalisée est bonne ; toutefois ce n'est pas assez ; il faudrait savoir pourquoi une action qui peut être universalisée a ce privilège d'être bonne. « La règle posée par Kant, dit Schopenhauer, n'est évidemment pas encore le principe suprême de la morale ; c'est purement une règle pour le trouver, une indication du lieu où il faut le chercher ; ce n'est pas encore de l'argent comptant, mais c'est déjà un mandat solide. »

« Maintenant quel est l'individu chargé de nous réaliser ce mandat ? C'est, prétend Schopenhauer, un caissier auquel on ne s'attendait guère : tout simplement l'Égoïsme [1]. » En effet, appliquer la règle de Kant, chercher si une maxime, dont la valeur morale est en question, peut être érigée en règle universelle, revient au fond à appliquer cette règle plus simple : Ne fais pas à autrui ce que tu ne voudrais pas qu'on te fît à toi-même. Mais appliquer cette dernière règle c'est, au moment d'accomplir un acte donné, s'aviser qu'à l'égard de cet acte, on pourrait être *patient* au lieu d'être *agent*, et se demander si, dans ce cas, on le voudrait encore. Par exemple, puis-je vouloir le mensonge ? Oui peut-être dans un cas, mais non certainement dans tous ; oui, si je suis l'auteur et le bénéficiaire du mensonge ; non, si j'en suis la victime. Kant raisonnerait donc comme le pur utilitaire ; le devoir,

___

[1] SCHOPENHAUER. *Fondement de la morale*, p. 56. F. Alcan.

tel qu'il le conçoit, ne serait en dernière analyse que l'égoïsme bien entendu [1].

Mais Schopenhauer se méprend ici sur la pensée de Kant, ou cède à l'envie de le critiquer, de le trouver en faute. Loin de donner au devoir l'égoïsme pour base, Kant définit le devoir le *contraire de l'égoïsme*, et cette définition, tout indirecte et négative qu'elle soit, le satisfait si bien qu'il n'en cherche pas d'autre, ou qu'il ne croit pas qu'on en puisse trouver de plus précise et de plus nette Dire que la moralité d'une action se reconnaît à ce que la maxime en peut être universalisée, c'est dire, en effet, que la moralité de cette action tient à ce qu'elle n'a point pour maxime l'égoïsme, un motif intéressé ou *personnel* étant, par définition, le contraire d'une règle ou maxime *universelle*. On part de l'idée de mal pour arriver à celle de bien, de l'idée d'égoïsme pour arriver à celle de devoir. Je reconnais par exemple que le vol est immoral à ce que je ne puis le vouloir en principe, comme règle établie, mais seulement à titre d'exception en ma faveur. Ce que je puis vouloir, c'est seulement ceci : jouir du privilège de voler les autres, quand les autres seraient astreints à respecter mon bien. Mais on ne peut vouloir pour soi ce qu'on ne voudrait pas pour les autres, sans s'apercevoir qu'on veut une injustice. Le caractère *privé, personnel* ou *égoïste*

[1] On donnerait une interprétation aussi plausible, plus favorable et peut-être plus vraie, de la pensée de Kant en disant : Pour éprouver la valeur morale d'une action, il est bon d'*objectiver* cette action, de la supposer réalisée *par d'autres* que par soi, mieux encore de l'*universaliser*, de la supposer réalisée *par tous les hommes ;* en lui donnant ainsi tout l'intérêt et toute la portée qu'elle peut avoir, on se place dans les conditions les meilleures pour la juger. C'est ainsi qu'au point de vue logique, il y a avantage, dit Stuart Mill, à conclure d'un fait particulier à un autre, par l'intermédiaire d'une *loi générale,* parce qu'on y regarde à deux fois avant de poser une telle loi, parce qu'on est invité de la sorte à surveiller de plus près l'induction, et partant à l'opérer plus correctement.

de la conduite est donc un signe d'immoralité ; partant
le caractère *universel* ou désintéressé d'une maxime ou
règle de conduite sera pris, à son tour, pour signe de
moralité.

Signe peut-être contestable à la rigueur[1]. Mais tenons-

[1] En effet, il est tel cas où il semble que la conscience morale s'égare
par cela seul qu'elle perd de vue la réalité particulière et concrète,
et se place au point de vue universel et abstrait. On se méprend
sur ce qui est dû, parce qu'on prend pour critère du devoir l'*absence
seule d'intérêt personnel*. On rassure sa conscience sur des crimes
qui procèdent ou paraissent procéder, d'une règle universelle. « Nous
voyons chaque jour, dit Macaulay, des hommes faire pour leur
parti, pour leur secte, pour leur pays, pour leurs projets favoris de
réforme politique ou sociale, ce qu'ils ne voudraient pas faire pour
s'enrichir ou se venger eux-mêmes. Devant une tentation directement
offerte à notre cupidité privée ou à notre animosité privée, ce que nous
avons de vertu prend l'alarme. Mais la vertu elle-même contribue à
la chute de celui qui croit pouvoir, en violant quelque règle morale
importante, rendre un grand service à une Église, à un État, à l'humanité. Il fait taire les objections de sa conscience et endurcit son
cœur contre les spectacles les plus émouvants, en se répétant à lui-
même que ses intentions sont pures, que son objet est noble, et qu'il
fait un petit mal pour un grand bien. Par degrés, il arrive à oublier
entièrement l'infamie des moyens en considérant l'excellence de la fin,
et accomplit sans un seul remords de conscience des actions qui
feraient horreur à un boucanier. Il n'est pas à croire que saint Domi-
nique, pour le meilleur archevêché de la chrétienté, eût poussé des
pillards féroces à voler et à massacrer une population pacifique et
industrieuse, qu'Éverard Digby, pour un duché, eût fait sauter une
grande assemblée en l'air, ou que Robespierre eût tué, moyennant sa-
laire, une seule des personnes dont il tua des milliers par philanthropie » (cité par Taine, Histoire de la littérature anglaise, t. IV, p. 225,
Paris, Hachette, 1864). — La difficulté que nous signalons ici ne paraît
pas insoluble. Il faut en revenir, en dernière analyse, à l'*intuition*
morale. Le bien se révèle à nous par un sentiment direct, immédiat ;
mais ce sentiment n'a de valeur qu'autant que la réflexion l'éprouve,
le contrôle et le justifie après examen. La conscience morale, c'est la
réflexion ajoutée à l'instinct. — Toutefois la réflexion elle-même n'est
pas infaillible ; elle a ses égarements, ses erreurs propres ; elle se
prend « dans ses filets » (Descartes), s'embarrasse dans ses subti-
lités ; il y a un usage abusif de la raison, auquel Kant a donné le nom
de « dialectique ». Il suit de là qu'après avoir pris la raison pour juge
de l'instinct, il faut en appeler parfois de la raison à l'instinct. — Concluons que la vérité morale est un équilibre, difficile à réaliser, de réflexion et d'instinct.

le pour sûr. Il n'en reste pas moins que Kant a ici le tort
grave d'user de détour logique. Au lieu de dire simplement
que c'est le propre des actions immorales et égoïstes de
ne pouvoir être universalisées, il paraît soutenir ce paradoxe que c'est parce qu'une règle ne peut être universalisée qu'elle est immorale. Il n'est pas au pouvoir de la
règle qu'il pose de nous révéler le devoir ; c'est au contraire
le sentiment ou la notion que nous avons du devoir qui
nous fait comprendre la justesse, la valeur relative de sa
règle, et nous permet d'en vérifier ou contrôler l'application.

En assignant au devoir les deux caractères de l'universalité et de l'obligation (nécessité), Kant a principalement
en vue d'en marquer l'origine rationnelle ou à priori, autrement dit, de prouver que le devoir n'emprunte rien à l'expérience, c'est-à-dire aux penchants de la nature humaine.
« Ici (c'est Kant qui parle) nous voyons le philosophe dans
l'embarras ; il lui faut trouver un point d'appui qui ne soit
fondé sur rien de ce qui existe au ciel et sur la terre, et qui
ne soit rattaché à rien. » Il est loyal de signaler un pareil
embarras, car on ne voit pas la possibilité d'en sortir. Deux
questions, en effet, se posent : « Comment l'homme, de
lui-même, prend-il tout à coup l'idée de se mettre en quête
d'une loi (ou règle universelle) pour s'y soumettre, et y
plier sa volonté [1] ? » Et ensuite, cette loi étant posée, où
puise-t-il, puisque ce ne peut être dans ses sentiments, une
loi pour s'y soumettre ? La loi morale semble vraiment
descendre du ciel, elle est un oracle que la Raison pratique rend du haut de son trépied ; en langage philosophique, cet oracle s'appelle un *jugement synthétique a*

[1] SCHOPENHAUER, *ouv. cité*, p. 40.

priori. Quant au sentiment qui porte l'homme à obéir au
devoir, il est lui-même mystérieux, en dehors et au-dessus
de la nature, et s'appelle le *respect*. Posez la loi morale
sous la forme de règle *universelle*, abstraction faite d'un
objet auquel elle s'appliquerait, en dehors de tout contenu ;
posez l'obéissance à une telle loi, par *respect* pour cette loi,
et en dehors de tout autre sentiment ; vous avez le *devoir*,
tel que Kant l'entend.

Singulier mélange de sentimentalité mystique et d'abstraction philosophique ou de subtilité logique ! Voilà donc
où peut mener la prétention de définir le devoir, sans dire
ce qu'il est, à quoi il s'applique, bien plus d'en inspirer le
respect, de vouloir qu'il se réalise et s'observe dans ces
conditions ! A force d'épurer et de sublimer la moralité,
Kant la fait évanouir.

En réalité, le devoir ne peut être une *forme* vide. « La
morale a affaire avec la conduite *réelle* de l'homme, dit
Schopenhauer. Que lui font tous les châteaux de cartes à
priori ?... Des *concepts purs à priori*, des concepts qui ne
contiennent rien, rien d'emprunté à l'expérience interne ou
externe, » ce seraient « les points d'appui de la morale !
Des coquilles sans noyau ! » Et c'est de tels concepts,
« que dis-je ? de la simple forme de la liaison qui les unit
en des jugements, que doit sortir une loi, qui s'imposera
avec une *nécessité absolue*, comme on dit, et qui devra
avoir la force d'arrêter l'élan des désirs, le tourbillon des
passions, et cette force gigantesque : l'égoïsme, qui leur
mettra la bride et le mors[1] ! »

Nous rejetons, avec Schopenhauer, comme théoriquement mal fondée, et pratiquement vaine ou sans application,

---

[1] SCHOPENHAUER. *Ouv. cité.*

la notion kantienne du devoir. Mais nous n'abandonnons pas pour cela toute notion de devoir. Au contraire, il s'agit pour nous de remettre cette notion à son vrai rang en morale, et de lui rendre sa signification exacte.

L'idée de devoir, dit très bien Höffding, ne saurait être en morale l'idée première. Le devoir, en effet, « pose une exigence, et celle-ci ne peut se fonder que sur une fin. L'idée de cette fin doit donc être en morale la première, et la morale doit commencer par postuler une conscience acceptant cette fin [1] ». Mais la fin morale étant posée, le devoir s'impose, entendu comme la règle de s'en tenir à cette fin, de l'observer d'une façon constante et suivie.

Il n'y a pas de morale à laquelle soit étrangère la notion du devoir ainsi défini. Quel que soit le principe admis, ou le bien reconnu, il faut mettre sa conduite d'accord avec ce principe, alors qu'on n'y serait pas porté, bien plus, alors qu'on en serait détourné par l'inclination présente. S'agit-il par exemple, de suivre son intérêt ? Il ne faut pas croire qu'on y soit toujours naturellement enclin. On ne s'en avise pas quand il faudrait, bien des passions en détournent. De là la nécessité d'y penser d'avance, de le définir une bonne fois, de s'en rendre l'*idée*, à défaut de l'impression, toujours présente, d'y habituer son esprit, d'y plier sa volonté, « de sorte que tout consiste, comme dit Leibniz, dans le *Pensez-y bien* et dans le *Memento*, le premier, pour faire des lois, et le second, pour les suivre [2]. » S'astreindre à une règle, fût-ce celle de l'intérêt, être conséquent avec soi-même, fidèle à ses principes, c'est déjà se contraindre, et le devoir ainsi apparaît dans la morale uti-

---

[1] *Morale*, appendice, p. 562 de la trad. française.

[2] *Nouveaux Essais*, liv. II, § 36.

litaire, qui passe pour l'exclure. D'une façon générale, il
n'y a pas de fin morale, ou de bien, qui paraisse toujours
actuellement désirable. Poursuivre ce qui a été reconnu le
meilleur, alors qu'il n'apparaît plus, qu'il n'est plus senti
comme tel, c'est en quoi consiste le devoir, opposé ainsi à
l'attrait immédiat et direct du bien. « Le sentiment du
devoir, dit M. Rauh, soutient le sentiment impuissant. Il
remplit, dans la vie morale, les vides de l'âme, de l'exaltation. » On ne saurait placer trop haut le rôle du devoir ainsi
entendu. Il n'y a de proprement moraux que les hommes
qui ont des principes, et qui s'y tiennent. « Un homme, dit
encore M. Rauh, qui n'est pas capable à son heure de
réfléchir, de suppléer, par l'effort réfléchi, aux défaillances
de la pensée spontanée, n'est pas, dans son ordre, un honnête homme. En ce sens, le sentiment du devoir est bien le
signe caractéristique, la condition nécessaire de la moralité[1]. »

Adam Smith fait, on l'a vu, au sujet de la sympathie
précisément les mêmes remarques qu'on vient de faire au
sujet de l'intérêt. Il observe qu'on ne l'éprouve pas toujours,
mais qu'il faut continuer à la suivre et à la prendre pour
guide, alors qu'on ne l'éprouve plus. « Les règles générales, que l'expérience nous fait tirer de nos sentiments, dit-
il, suppléent à ce que nos sentiments (actuels) ont quelquefois d'incomplet et de défectueux. » Si l'on prend en morale
le sentiment pour principe, le devoir est le sentiment
dégagé, abstrait et généralisé, non pour cela dépourvu
d'efficacité pratique. Suivant l'heureuse expression de
Leibniz, « il faut profiter des bons mouvements, comme de

[1] RAUH. Le sentiment d'obligation morale (Revue de métaphysique,
novembre 1902).

la voix de Dieu qui nous appelle, pour prendre des résolutions efficaces. Et comme on ne peut toujours faire l'analyse des notions des vrais biens et des vrais maux, jusques à la perception du plaisir et de la douleur qu'ils renferment, il faut se faire une fois pour toutes cette loi : d'attendre et de suivre désormais les conclusions de la raison, quoique non aperçues dans la suite, » ou seulement entrevues d'une façon vague et non senties, « et cela, pour se mettre enfin dans la possession de l'empire de l'âme sur les passions, aussi bien que sur les inclinations sensibles ou inquiétudes, en acquérant cette accoutumance d'agir suivant la raison, qui rendra la vertu agréable et comme naturelle[1] ». Le devoir est donc au sentiment ce que la raison est à l'instinct. Il le remplace sans le détruire, il le réfléchit, le formule et l'énonce ; bien plus, il l'élargit et le précise, il le rectifie ; il en prévient à la fois les excès et les défaillances. Il en est l'organisation systématique et l'équivalent pratique[2].

Le sentiment est une impulsion naturelle, aveugle et fugitive ; le devoir est la volonté éclairée, raisonnée et suivie. Le sentiment est le *fait* moral, isolé, fragmentaire ; le devoir est la *loi* morale, l'orientation à jamais fixée de la vie tout entière dans le sens une fois indiqué par le sentiment. En outre, suivre le sentiment actuel n'implique ni effort, ni mérite. Observer le devoir, c'est au contraire faire acte de volonté, d'énergie et de constance.

De là vient que quelques philosophes, se plaçant d'ailleurs à un point de vue étroit, ne conçoivent pas la moralité en dehors du devoir, c'est-à-dire en dehors de la tension ou de l'effort, et de la continuité dans l'effort. Ils lui attribuent

---

[1] LEIBNIZ. *Nouveaux Essais*, II, § 35.

[2] Voir notre *analyse psychologique de l'idée de devoir* (*Revue philosophique*, 1897, 2ᵉ semestre, p. 390).

comme caractère essentiel l'*obligation*, à savoir l'obligation de rester fidèle à soi-même, à son caractère, à ses principes (sibi constare, ζῆν ὁμολογουμένως). Cette obligation d'obéir à sa conscience et à sa raison leur paraît la plus impérieuse et la plus catégorique de toutes, car, comme dit Pascal, « en désobéissant à un maître, on n'est que malheureux », mais « en désobéissant à la raison, on est un sot[1], » et, lorsque la raison s'appelle la raison pratique ou la conscience, on est pis encore : un misérable. Est-il besoin d'ajouter que la fidélité à des principes n'est pas, à elle seule, la moralité, mais qu'il faut que les principes, auxquels on est fidèle, soient eux-mêmes moraux, ou reconnus tels?

Quant au second caractère, attribué par Kant au devoir, à savoir l'*universalité*, il ressort naturellement de ce que le devoir est conçu comme une loi ou une règle, c'est-à-dire comme une généralisation de la conduite, produite sous l'inspiration directe du sentiment moral.

Mais si le devoir étend en quelque sorte la sphère de la moralité, il n'est cependant qu'une forme, un degré ou une phase de la vie morale. Il y a une moralité d'instinct, venant du cœur, qui précède le devoir, et dont le devoir n'est que l'énoncé, la mise en règles et en formules, formules d'ailleurs toujours imparfaites et revisibles, et il y a une moralité acquise, une habitude d'agir selon la raison, une observance du devoir devenue naturelle, qui ne se réfère plus à l'idée du devoir, et qu'Aristote appelle la *vertu*. Entre ces deux formes de la moralité, bienfait, l'une, de la nature, l'autre, de l'éducation, s'intercale le devoir : il dérive de la première et prépare la seconde. Il n'est donc pas, comme l'a cru Kant, la moralité tout entière; il ne

[1] *Pensées*, I, 80, édit, Havet.

se suffit pas à lui-même. Il est la moralité réfléchie, con-
sciente, volontaire, par opposition à la moralité naturelle
ou instinctive : en dernière analyse, il procède de celle-ci
et s'y ramène. Il n'est pas même la moralité la plus parfaite et la plus élevée : au-dessus du devoir, il faut placer
la vertu, conçue comme la résultante et la synthèse de la
spontanéité morale, des habitudes et des principes.

Sujets à traiter :

I. — *Caractères de la loi morale. En quoi elle se distingue des lois
physiques, — des lois civiles ou positives.*

II. — *Définir, analyser et critiquer l'idée d'obligation morale.*

III. — *L'universalité est-elle vraiment le critère, c'est-à-dire le
caractère distinctif et propre de la loi morale ? — A supposer qu'elle
en soit le caractère distinctif, suffit-elle à définir cette loi, à la justifier, à en inspirer le respect ?*

IV. — *Faire la critique de l'idée du devoir, considéré au point de
vue formel, c'est-à-dire abstraction faite de son objet ou de son contenu.*

V. — *Quelle est la véritable signification du mot devoir ? quelle est
l'origine de l'idée de devoir ? Quelle est, au point de vue à la fois théorique et pratique, l'importance ou le rôle de cette idée en morale ?*

———————

CHAPITRE VI

LE DEVOIR ET LE BONHEUR. — LA PERFECTION INDIVIDUELLE ET LE PROGRÉS DE L'HUMANITÉ

SOMMAIRE

Le bonheur, en tant qu'il dépend de nous, non des circonstances, est l'objet d'un devoir, et s'appelle le *bien*. Deux conceptions différentes du bien : le *bonheur* et la *béatitude* (Descartes). — Critique de la notion de *bonheur* (Kant). — Impossibilité de séparer la *béatitude* du *bonheur* (Aristote). Le bonheur est essentiellement *relatif*. Mais il n'en garde pas moins pour nous tout son prix. On ne saurait faire en morale abstraction du bonheur. Le devoir a pour objet, au moins en partie, la réalisation du bonheur, ou produit le bonheur, ou a pour sanction le bonheur.

Le bien a-t-il pour objet le développement et le bonheur de l'individu, ou le progrès et l'ordre social ? Exposé et critique de la conception individualiste. Exposé et critique de la thèse socialiste. Leur commune étroitesse et insuffisance. Leur synthèse.

LE DEVOIR ET LE BONHEUR

L'objet de la morale n'est ni le devoir ni le bonheur pris exclusivement. En effet, on ne saurait s'appliquer à être heureux sans faire intervenir à un degré quelconque l'idée du devoir dans la recherche du bonheur et on ne saurait non plus réaliser ni même concevoir le devoir *pur*. Etablissons ces deux points.

1° Le bonheur peut être posé comme fin de la vie humaine, le devoir étant alors l'obligation d'atteindre cette fin. Mais quand on se propose, bien plus, quand on se fait un

devoir d'être heureux, on distingue et on ne peut manquer de distinguer par là même deux façons de l'être :
l'une, qui n'est qu'une faveur du sort (εὐτυχία), l'autre
qui résulte d'une sage direction de la conduite (εὐπραξία).
Reprenons, à la suite de Descartes, cette importante distinction, déjà classique chez les anciens. Appelons « heur »
ou « bonheur » la bonne fortune et « béatitude » le contentement d'esprit.

« Il y a de la différence entre le *bonheur* et la *béatitude*, en ce
que le *bonheur* ne dépend que des choses qui sont hors de nous,
d'où vient que ceux-là sont estimés plus heureux que sages,
auxquels il est arrivé quelque bien qu'ils ne se sont pas pro-
curé ; au lieu que la *béatitude* consiste, ce me semble, en un
parfait contentement d'esprit et une satisfaction intérieure
que n'ont pas d'ordinaire ceux qui sont les plus favorisés de
la fortune, et que les sages acquièrent sans elle. »
Il suit de là que les choses qui nous rendent heureux sont
aussi « de deux sortes, à savoir celles qui dépendent de nous,
comme la vertu et la sagesse et celles qui n'en dépendent
point, comme les honneurs, les richesses et la santé. Car il est
certain qu'un homme bien né, qui n'est point malade, qui ne
manque de rien, et qui, avec cela, est aussi sage et aussi vertueux qu'un autre qui est pauvre, malsain et contrefait, peut
jouir d'un plus parfait *contentement* que lui. (Entendez seulement : d'un plus grand *heur* ou *bonheur*). Toutefois, comme un
petit vaisseau peut être aussi plein qu'un plus grand, encore
qu'il contienne moins de liqueur, ainsi, prenant le contentement d'un chacun pour la plénitude et l'accomplissement de
ses désirs réglés selon la raison (voilà la définition de la *béatitude*), je ne doute point que les plus pauvres et les plus
disgraciés de la fortune ou de la nature ne puissent être
entièrement contents et satisfaits aussi bien que les autres,
encore qu'ils ne jouissent pas de tant de biens. *Et ce n'est que
de cette sorte de contentement dont il est ici question : car, puisque
l'autre n'est aucunement en notre pouvoir, la recherche en serait
superflue* ». (DESCARTES : *Œuvres philosophiques*, édit. Ad. Garnier,
t. III, p. 179. Paris, Hachette, 1835).

Ainsi, le seul fait qu'on se propose, non pas *d'être*, mais
de *se rendre* heureux, implique que le bonheur poursuivi

est et ne peut être que celui qui dépend de nous et réside
en nous : la *béatitude*. Mais la *béatitude* se ramène elle-
même à la sagesse ou à la vertu et ainsi devient une forme
de la moralité ou un devoir.

Toutes les difficultés que soulève le problème du bonheur
semblent aplanies par la distinction qui précède.

Ainsi, par exemple, on demande parfois si l'accroissement du bien-être ne serait pas un leurre, les besoins de
l'homme devenant plus exigeants, plus malaisés à satisfaire à mesure qu'ils se développent. La réponse est aisée.
Il est certain qu'on ne gagne rien, en effet, quand le *bonheur* croît, si la *béatitude* diminue. On en peut dire autant
de la civilisation en général, du progrès des lumières, de
celui de l'industrie et des arts. Rousseau élève l'état de
nature au-dessus de l'état social et préfère les mœurs de
l'âge d'or, l'innocence des plaisirs champêtres, aux jouissances de l'art et au luxe d'une société raffinée. N'est-ce là
qu'un sophisme, qu'une déclamation pure ? Non, il est
vraiment, en un sens, moral, c'est-à-dire conforme au
bonheur de l'homme, de limiter ses besoins. Telle culture
mal appropriée compromet plus qu'elle ne sert le développement sain et normal de l'esprit ; telle forme de
bien-être et de luxe peut être, sinon pour tous, au moins
pour quelques uns, pour la majorité peut-être, plus dom-
mageable à la santé et à l'équilibre moral que désirable
et utile.

Toute forme de bonheur renferme donc un élément subjectif; c'est ce qu'exprime sous une forme allégorique la
fable de Gryllus. C'est ce qui explique aussi, quoi qu'en
pense Stuart Mill, que, lorsqu'il y a à choisir entre la
destinée d'un Socrate mécontent et celle d'un imbécile
satisfait, le doute et l'hésitation demeurent possibles. Cha-

cun en effet goûte un bonheur approprié à sa nature,
mesuré à sa taille.

Mais si le bonheur est ainsi relatif à chacun, ne s'en-
suit-il pas qu'il ne peut être l'objet d'aucune règle et par
suite qu'il ne saurait être posé comme fin. C'est précisément ce que soutient Kant. Il va même plus loin et prétend
que l'individu ne peut savoir en quoi le bonheur consiste
pour lui-même. En eff. :

« Le concept du bonheur est si indéterminé qu'en dépit du
désir que nous avons tous d'être heureux, personne ne peut
dire avec précision et sans se contredire ce qu'il désire, à proprement parler, et ce qu'il veut. La raison en est que tous les
éléments du concept du bonheur sont empiriques, c'est-à-dire
qu'ils doivent être empruntés à l'expérience, et que pourtant,
le concept du bonheur implique l'idée d'un tout absolu, d'un
maximum de bien-être pour le présent et pour l'avenir entier.
Or, il est impossible qu'un être fini, si perspicace et en même
temps si puissant qu'on le suppose, se fasse une idée exacte
de ce que comporte un pareil vœu : Est-ce la richesse qu'il
veut ? Mais que de soucis, d'envie, d'embûches ne risque-t-il
pas d'attirer sur lui ! Est-ce un savoir étendu et de la pénétration ? Mais il n'y gagnera peut-être qu'une vision plus aiguisée
de la réalité, qui lui représentera, sous des couleurs d'autant
plus effrayantes, des maux encore cachés à ses yeux, mais
pourtant inévitables, ou qui rendra plus exigeants encore ses
désirs qui lui donnent déjà assez à faire. Veut-il une longue
vie ? Mais qui lui garantit que cette vie ne sera pas une longue
souffrance ? Veut-il au moins la santé ? Mais combien de fois
n'arrive-t-il pas que la faiblesse physique nous préserve des
excès dans lesquels une santé parfaite nous eût fait tomber !
Bref, personne n'est capable de déterminer, en partant d'un
principe et avec une parfaite certitude, ce qui le rendra vraiment heureux ; il faudrait pour cela une science infinie. Il n'y
a donc pas de principe certain que l'on puisse suivre pour se
rendre heureux, il n'y a que des conseils empiriques, comme, par
exemple, de se mettre au régime, d'être économe, poli, réservé,
etc., toutes choses dont l'expérience nous apprend que ce sont,
tout compte fait, les meilleurs moyens de s'assurer le bien-
être. » (KANT : *Fondements de la Métaphysique et des Mœurs*, trad.
H. Lachelier, p. 49. Paris, Hachette, 1901.)

En réalité, Kant triomphe trop facilement de l'eudémonisme parce qu'il introduit dans le concept du bonheur des
éléments incompatibles. Il veut que le bonheur soit empirique quant à sa matière, rationnel quant à sa forme, en
d'autres termes, soit fait de données essentiellement rela-
tives, auxquelles on ne laisse pas de prêter une valeur
absolue. Pourquoi ne pas admettre que l'homme soit assez
sage, assez sensé pour se contenter d'un bonheur tout
relatif ou humain et le trouver, sous cette forme, digne
encore de ses aspirations et de ses vœux.

C'est ce qu'on peut déduire de la distinction de Descartes. Si l'on renonce en effet *au bonheur* qui est l'œuvre
des circonstances, et si l'on ne désire rien de plus que la
béatitude, qui est le fruit de notre sagesse, le bonheur
ainsi entendu reste sans doute, en un sens, relatif ; il l'est
cependant déjà moins, puisqu'il cesse d'être accidentel, et il
acquiert, à nos yeux, une valeur assez grande pour devenir
l'objet légitime de nos vœux et la fin de notre conduite.

Mais n'est-ce pas la distinction de la *béatitude* et du
bonheur que Kant au fond conteste, et a raison de contes-
ter? Ne faut-il pas dire avec Aristote, qu'en fait le bonheur
est, à quelque degré, inséparable des biens extérieurs
(santé, richesse, amis, joies de la famille, etc.) et ne peut
être conçu en dehors de ces « accessoires indispensables » ?
Oui, sans doute ; mais si notre bonheur est fait pour une
part des biens de la fortune, s'il ne réside point tout dans
les joies internes, il suffit pourtant que ces joies en soient
un élément, et un élément essentiel, pour qu'il ait, à nos
yeux, une valeur morale.

Cette valeur, il est vrai, ne sera pas exclusivement morale ; elle ne sera pas non plus absolue. Mais pourquoi le
bonheur aurait-il ce double caractère ?

Qui ne sait qu'il est, en fait, toujours précaire, toujours menacé, en péril, que la mort peut y mettre fin, la maladie l'atteindre, et qu'il est encore traversé de crises intellectuelles et morales? L'incertitude du bonheur nous empêche-t-elle donc de le goûter? Ne nous le rend-elle pas même, en un sens, plus cher?

Mais surtout le bonheur n'est pas, comme le suppose Kant, « un tout absolu, un maximum de bien-être pour le présent et pour l'avenir entier ». Un bonheur auquel, par hypothèse, on ne peut rien ajouter, un bonheur plein, mais fermé, sans issue, sans horizon, sans perspectives lointaines, implique contradiction. Le bonheur n'est pas un état fixe, produit une fois pour toutes et à jamais acquis. S'il reste le même, en se prolongeant, il cesse d'être ; le plaisir continu ennuie. Pour durer, il faut qu'il se renouvelle et se dépasse sans cesse ; il est l'objet de désir plutôt que de jouissance ; c'est pourquoi on ne le goûte guère dans le présent et, le plus souvent, il est une espérance ou un souvenir. Enfin, il n'existe que par comparaison ; il est un idéal qui recule sans cesse ; il est un mieux d'abord entrevu, puis réalisé ; il est le passage senti d'une perfection moindre à une perfection plus grande. C'est ce qu'on résume en disant qu'il n'est pas un *état*, mais un *progrès*. Si on définit le bonheur la satisfaction du *désir*, il y a contradiction, dit Hobbes, à supposer le bonheur réalisé, atteint, c'est-à-dire *fixé*. En effet, « si, par hypothèse le bien est atteint, alors, en vertu de la définition, rien plus n'est désiré. Dans ce cas, non seulement il n'y a plus de bien possible pour l'homme, mais il n'y a plus de sentiment, car toute sensation est jointe à quelque appétence ou à quelque répulsion ». Qu'est-ce à dire? Que le bonheur disparaît? Non, mais qu'il doit être conçu, non comme un *repos*, mais comme un *mouvement*, non comme un état idyllique, une extase prolongée, mais comme un enrichissement, un épanouissement de l'âme chaque jour plus complet, et que le plus grand des biens ou le bonheur suprême est, suivant la juste et profonde définition de Hobbes « la *progression la moins empêchée de fins tou-jours ultérieures* ».

En un mot, le bonheur est essentiellement relatif, mais cela ne lui retire ni sa séduction et son charme ni son prix ou sa valeur morale. Il reste digne d'être recherché. Ajou-tons que, par une de ces transmutations de valeurs, fré-quentes en morale, — et que nous avons signalées déjà à propos de la sympathie et de l'honneur, — se rendre heu-reux équivaut souvent à se rendre digne de l'être, le bonheur mérité prend la place du bonheur réel, et, chez les âmes bien nées, en dispense vraiment; la *béatitude* se substitue, sinon logiquement et en droit, du moins psycho-logiquement ou en fait, au *bonheur*. Le bonheur est donc vraiment un principe moral.

2° Supposons pourtant qu'il ne le soit point. Posons le devoir pur, « qui repousse fièrement toute alliance avec les penchants », étranger à la considération du bonheur, bien plus impliquant le renoncement au bonheur. Croit-on qu'on en aura alors fini vraiment avec la pensée du bon-heur ? Je dis qu'on aura, non pas aboli, mais simplement déplacé la conception du bonheur. On trouvera en effet dans l'accomplissement du devoir cette joie réconfortante et pure, qui tient lieu de toutes les autres joies, on dira que la vertu est à elle-même sa récompense : *virtutis praemium ipsa virtus*, que le juste est toujours heureux.

Ou, si l'on ne peut se faire à ce point illusion sur ses sen-timents, si l'on ne peut voir dans un tel langage que jactance et bravade, on dira alors que le bonheur doit rejoindre tôt ou tard la moralité, doit être finalement uni à la vertu, doit l'être au moins dans une autre vie. On constate bien que le « souverain bien », ou l'union de la vertu et du bonheur, n'existe point ; mais on ne peut s'y résigner, en prendre son parti. Tant le désir du bonheur est ineffaçable du cœur de l'homme, tant il est mêlé à toutes ses pensées, voire les plus élevées et les plus pures !

Concluons donc que l'homme ne peut faire, en morale, abstraction du bonheur, qu'il doit le prendre pour fin, ou doit prendre une fin, qui ne soit pas du moins attentatoire au bonheur.

LA PERFECTION INDIVIDUELLE ET LE PROGRÈS DE L'HUMANITÉ

Ecartons d'abord les discussions verbales. La société, prise en soi, est une entité, et l'individu, conçu à l'état isolé, indépendant, en est une autre. Ni la société n'existe en dehors des individus, ni l'individu, en dehors de la société. L'homme est un être social : la moralité, la conscience de l'individu n'est, ou que le reflet des mœurs et des opinions de son milieu, ou qu'une réaction contre ces opinions et ces mœurs. D'autre part, la société n'existe que dans les individus et par eux. Il n'y a de conscience sociale, d' « esprit de la ruche » (Mœterlinck) que dans le langage des métaphysiciens et des poètes ; la conscience sociale n'existe, dans la mesure où elle existe, que réalisée en chaque individu.

On ne conteste plus sérieusement aujourd'hui la solidarité étroite, la relativité ainsi définie des notions d'individu et de société. Mais on discute sur la valeur hiérarchique de ces notions. S'agit-il, au point de vue moral, d'assurer le plus haut développement de l'individualité, ou de réaliser le bien social le plus grand ? ou de poursuivre concurremment l'un et l'autre, et l'un par l'autre ?

La première hypothèse est l'individualisme, lequel revêt lui-même deux formes : l'une en apparence conciliable, l'autre, à coup sûr, incompatible avec le point de vue social. La première consiste à représenter la plus haute expansion de l'individu comme une supériorité morale (point de vue stoïcien et chrétien), la seconde, à la représenter comme la supériorité de la force, de l'intelligence, de toutes les facultés non proprement morales (point de vue de Renan, d'Ibsen, de Nietzsche).

Il y a certes de la grandeur et de l'héroïsme dans l'individualisme moral, dans l'effort par lequel l'individu essaie de se soustraire à la corruption du milieu social, de cultiver sa vertu à l'encontre du vice régnant. Encore faut-il pourtant que cette vertu ne soit pas stérile, comme celle du moine dans sa cellule, et qu'il n'y entre pas un orgueil hautain, un secret mépris pour les autres hommes. Or, en fait, la vertu exclusivement personnelle est d'abord vaine, et de plus suspecte. Elle manque à la fois d'efficacité, de largeur, de générosité et d'élan.

Quant à l'individualisme, qui n'est que l'affirmation et la revendication de la force, on ne saurait le défendre ni l'excuser. Il se détruit lui-même, il se rend intolérable par ses excès. Il est la fin de toute civilisation, le retour à la sauvagerie primitive ; il est la brute humaine lâchée, développant en liberté la férocité de ses instincts.

Il n'y a qu'une forme de l'individualisme qui commande l'admiration et le respect. C'est celle de l'individu qui, par une sorte d'égoïsme, si l'on veut, mais d'égoïsme transcendant, se voue aux tâches impersonnelles et sociales, c'est l'individualisme des *héros* (théorie de Carlyle, de Guyau). Mais l'individualisme ainsi entendu mérite un autre nom ; il se change en son contraire, l'*altruisme*.

L'altruisme absolu ne laisse pas d'être lui-même aussi difficile à justifier que l'individualisme pur. Il se résume dans cette formule d'Auguste Comte : « le bonheur et le devoir consistent également à vivre pour autrui. » L'abnégation, l'oubli de soi serait donc la vertu par excellence ou unique. Mais quel est le principe de cette vertu ? Se suffit-elle à elle-même ? Tire-t-elle sa valeur de la beauté et de la noblesse du sacrifice ? Elle ne serait alors qu'une parure morale de l'individu. Ou bien se justifie-t-elle par ses effets ? S'impose-t-elle comme une loi ou nécessité sociale ? Elle paraît alors dangereuse. La maxime : *Salus populi suprema lex esto !* a autorisé, couvert, pour ne pas dire suscité bien des crimes. Elle a été le mot d'ordre ou l'excuse de toutes les tyrannies. Elle a donc au moins un inconvénient grave : elle prête à l'équivoque et à l'abus. Bien plus, quand le sacrifice serait toujours spontané, consenti et accepté de bonne grâce, il ne laisserait pas d'être immoral encore. S'il est noble en soi, il est funeste en ses effets ; il produit des égoïstes. La notion de dévouement est relative. Il ne faut pas considérer seulement ceux qui se dévouent, mais ceux à qui on se dévoue. Le sacrifice, moral chez les uns, serait immoral pour les autres. Ce serait d'ailleurs une contradiction étrange qu'on renonçât au bonheur pour soi, et qu'on continuât d'y croire et d'y travailler pour le compte des autres. On aurait le droit de demander dans ce cas, comme dans la comédie : « Qui trompe-t-on ici ? » Le désintéressement en soi est donc absurde. La société ou l'humanité est présentée parfois

comme une entité mystique, laquelle exigerait l'immolation
des individus. Le socialisme prend ainsi la suite de la
théologie. *Extinctis diis Deoque successit Humanitas.*
Mais au fond la théorie, d'après laquelle l'individu n'existerait que pour la société, n'est pas logiquement moins
monstrueuse que celle d'après laquelle le genre humain
n'existerait que pour quelques-uns. (*Humanum paucis
vivit genus.* La morale des forts, la théorie du Surhomme
de Nietzsche.)

Sortons de l'antithèse verbale de l'individu et de la
société. En fait, l'individu et la société existent l'un par
l'autre, non l'un pour l'autre. Ils ne sont pas l'un, fin,
l'autre, moyen, mais l'un et l'autre à la fois fin et moyen.
L'individu, en un sens, n'a pas de vie propre, de moralité
propre ; ne vivant que dans la société, il doit remplir les
tâches, accepter les conditions et les charges, en même
temps que recueillir les bienfaits de la vie sociale. Mais la
société, d'autre part, n'a pas d'existence propre ; elle ne se
réalise que dans les individus, et sa fin, sa raison d'être
est d'assurer le libre déploiement des forces originales de
chaque individu.

Il suit de là qu'il ne faut pas séparer la perfection individuelle et le progrès social. Nous avons vu que l'individu
ne peut pas s'abstraire de la société, n'a pas le droit de
vivre à l'écart, même pour sculpter son âme et développer
ses vertus. La société n'est pas davantage moralement
fondée à se prendre pour fin, et à réaliser ses progrès, sans
souci des individus. Nulle question ne montre mieux que
celle du progrès social la nécessité de concevoir la société
en fonction des individus. Le progrès social, en effet,
n'est rien, non seulement s'il ne se traduit pas par l'amélioration du sort des individus, par le développement de leur

culture intellectuelle, de leurs qualités morales, mais encore
s'il n'obtient pas l'assentiment de ceux au profit desquels il
s'accomplit. Vouloir qu'il s'accomplisse coûte que coûte,
à l'encontre des volontés individuelles, qui n'en sentent pas
le besoin, n'en apprécient pas, et ainsi n'en recueillent pas
les bienfaits, exercer à cet effet une pression sociale,
tyrannique et violente, bouleverser l'ordre établi, troubler
les consciences, c'est aller par la barbarie à la civilisation.
C'est reculer au temps de la vieille maxim· si souvent
flétrie : *La fin justifie les moyens* ; c'est o ...er qu'on a
des devoirs, non pas seulement envers un   enir hypothétique, mais encore envers le présent, seul temps dont on
soit sûr ; qu'on ne peut mettre au service d'une fin, supposée élevée, que des moyens directement inspirés de
l'esprit de cette fin. Ce serait surtout méconnaître le droit
de l'individu, auquel il ne faut jamais opposer l'intérêt
social.

Ce cas peut être pris pour type de tous les conflits qui
s'élèvent entre l'individu et la société et de la solution à
donner de ces conflits.

On peut distinguer dans la question présente, la fin lointaine à atteindre et le devoir immédiat et prochain ; cela
revient à faire consister le bien soit dans le bonheur du
plus grand nombre, soit dans le bonheur le plus intensif,
partant le plus personnel. Mais qui ne voit que ces deux
points de vue sont également faux, en tant qu'exclusifs et
étroits ?

A ceux qui se placent au point de vue de l'extension il
arrive, non pas seulement de manquer le but visé, de quitter
la proie pour l'ombre, mais encore de poursuivre une
entité chimérique. A ceux qui se placent au point de vue
de l'intensité, il arrive de méconnaître, par étroitesse de

vue, les devoirs les plus importants et les plus élevés. Il faut donc réunir ces deux points de vue, les compléter et les corriger l'un par l'autre. Le bien en réalité réside dans la personnalité, seule capable d'éprouver le plaisir et la douleur, seul foyer de conscience, et à ce point de vue, il est *individuel* ; mais la personnalité se développe et s'achève par la société, et son bien a un aspect *social*. Le bien est donc le progrès social comme condition de la perfection individuelle, ou la perfection individuelle comme aboutissant au progrès social.

Resterait à définir le progrès social et la perfection individuelle quant à leur *objet*. La question revient à celle du devoir et du bonheur. En effet le progrès social, aussi bien qu'individuel, peut être conçu du point de vue *économique*, comme une amélioration du bien-être matériel, et, du point de vue *moral*, comme le développement des idées et la culture des sentiments ; autrement dit, il est un progrès dans l'ordre du *bonheur* et de la *béatitude*. Il n'y aurait donc qu'à reprendre les idées développées plus haut, et à en faire l'application à la question présente.

Sujets à traiter :

I. — *Sens et portée de la distinction entre l'heur et la* béatitude (εὐτυχία et εὐπραξία.)

II. — *Y a-t-il antinomie entre le bonheur et le progrès, tant au point de vue individuel qu'au point de vue social ?*

III. — *Y a-t-il antinomie entre le progrès individuel et le progrès social?*

IV. — *Faire la critique, au point de vue moral, de la notion de désintéressement et de sacrifice.*

CHAPITRE VII

LA RESPONSABILITÉ MORALE

SOMMAIRE

Division du problème : 1° A quelles conditions et dans quelle mesure sommes-nous responsables? 2° Vis-à-vis de qui sommes-nous responsables? 3° De quoi sommes-nous responsables ? 4° En quoi consiste notre responsabilité ?

I. *A quelles conditions et dans quelle mesure sommes-nous responsables?* — Il n'y a responsabilité que s'il y a volonté. La volonté elle-même suppose la *liberté* et la *raison*. La volonté est marquée par la *délibération*. La délibération a ses limites, d'ailleurs variables : elle porte sur les moyens, non sur les *fins*, ou plutôt elle s'arrête toujours à quelque fin, admise en principe, et qui n'est plus discutée. La délibération relève de l'intelligence, et l'intelligence varie en degré d'un homme à l'autre, entraînant des variations correspondantes dans la responsabilité individuelle. L'intelligence est une condition de la responsabilité, en tant qu'elle est une condition de la volonté, qu'elle l'éclaire, la guide, la rend capable de discernement, de choix, de prévision, lui permet de prendre conscience de ses actes, de leurs suites, et de la valeur morale de ses actes, et de leur accord avec le bien. Les variations ou degrés de la volonté, c'est-à-dire de la raison, de la liberté, déterminent les variations ou degrés de la responsabilité.

II. *Vis-à-vis de qui sommes-nous responsables?* — Vis-à-vis des tribunaux, de l'opinion publique, de notre conscience. La justice des tribunaux est imparfaite, par là même que son action est exclusivement répressive, qu'elle ne punit même pas toutes les fautes, mais celles-là seulement qui ont un caractère anti-social, qu'elle est enfin un instrument de défense sociale, plutôt que de justice proprement dite. Mais elle ne s'exerce ou ne doit

s'exercer e dans la limite du droit et de la justice ; c'est par
là qu'elle e t morale. — L'opinion publique est un juge qui ne se
renferme pas dans les bornes étroites de la légalité, mais qui est
faillible, qui manque de critique, est prévenu, outré, inconstant
en ses jugements. Elle exerce sur les mœurs une action puissante, mais contestable. On ne peut la prendre pour règle ;
on ne peut la suivre que dans la mesure où elle s'accorde avec
la conscience. — C'est la conscience individuelle qui est le vrai
juge, celui qui prononce en dernier ressort. Mais elle se défie
d'elle-même, se sent faillible ; elle a besoin de s'appuyer sur
l'opinion ; elle fait appel aussi à la *justice immanente*, ou justice
des choses, laquelle d'ailleurs est plutôt postulée qu'établie,
plus apparente que réelle. En résumé, nous ne sommes responsables que de notre conscience, mais notre conscience n'est
pas infaillible ; et elle subit les influences diverses de l'opinion,
des tribunaux.

III. *De quoi sommes-nous responsables ?* — De nos *intentions*,
pourvu que par intention on entende, non le motif allégué, le
prétexte mis en avant, mais la raison réelle des actes, non la
velléité ou désir vague, mais le ferme propos, voire le commencement d'acte. L'intention ne se révèle que dans l'acte et par
l'acte, d'où il suit que nous sommes, en un sens, seulement responsables de *nos actes*. Toutefois nous ne sommes responsables
de nos actes qu'en tant qu'ils sont intentionnels, expressément
voulus. Il faut donc dire que nous sommes responsables, *antécé-
demment* de nos intentions et *conséquemment* de nos actes, ou
mieux encore, que nous sommes responsables de notre caractère,
et de nos intentions et de nos actes, en tant qu'ils découlent de
notre caractère.

IV. *En quoi consiste la responsabilité ?* — 1° Dans le mérite
et le démérite pris en soi ; 2° dans la sanction.

Le mérite est la valeur morale. Il a deux sens : il est la valeur
morale, acquise par l'individu et qui s'ajoute à ses qualités natu-
turelles, il est une élévation en dignité, une « hausse morale » ;
et il est la valeur morale de l'individu par rapport au milieu social,
à la moralité moyenne.

La sanction est la récompense ou la peine attachées à l'accomplissement ou à la violation d'une loi ; d'où autant de sanctions que
de lois. Mais la récompense et la peine peuvent être soit des
motifs d'agir, soit des *conséquences* de l'acte. Considérée comme
motif d'agir ou de s'abstenir, la *sanction* revêt les formes d'amen-

dement, de *correction* et d'*exemple*. Considérée comme *conséquence*
de l'acte, la sanction revêt les formes de *réparation* matérielle
et morale, et d'*expiation*. L'idée d'*expiation* est au fond de l'idée
de sanction et donne à cette idée son caractère.

Conclusion : caractère relatif de la responsabilité.

LA RESPONSABILITÉ MORALE

Le problème de la responsabilité est complexe : il a un
côté psychologique, moral, juridique, social. Tout en ne
le traitant ici que du point de vue moral, nous devons
examiner des questions diverses, que nous classerons
ainsi :

1° Sommes-nous réellement responsables? Et à quelles
conditions, dans quelles limites?

2° Vis-à-vis de qui sommes-nous responsables? Des tribunaux, de l'opinion ou de notre conscience?

3° De quoi sommes-nous responsables? Est-ce de nos
actes, ou de nos intentions, ou de notre caractère?

4° En quoi enfin consiste notre responsabilité? Est-ce
dans le mérite ou le démérite qui s'attachent à la personne,
ou dans les conséquences que les actes entraînent, dans la
sanction?

I

La question de savoir si la responsabilité est possible
revient au fond à celle de savoir comment elle est réelle.
On reconnaît généralement la responsabilité comme un fait,
on ne discute que sur la façon de l'expliquer ou de la concevoir. Nous ne serions responsables de nos actes, selon
les uns, qu'autant qu'ils émanent de notre libre arbitre;
selon les autres, au contraire, qu'autant qu'ils sont déter-

minés par notre nature, conçue elle-même comme nécessaire. Ce qu'il importerait de connaître, et ce que nous allons chercher, c'est donc ce que la responsabilité postule, ce sans quoi elle ne peut être, et ce qui suffit pour qu'elle soit.

Transportons de la personne aux actes le caractère de la responsabilité. Ce caractère, qui change alors de nom et s'appelle l'imputabilité, appartient exclusivement aux actes volontaires. Mais qu'est-ce qu'un acte volontaire ? C'est, dit Aristote, celui qu'on accomplit de plein gré et en connaissance de cause[1]. Agir par contrainte, soit par contrainte physique (comme le navigateur poussé par un vent violent), soit par contrainte morale (comme celui qui est l'objet d'intimidation, de menaces), l'une et l'autre contraintes étant supposées telles qu'on n'y saurait résister ; ou agir sans discernement, par ignorance (comme révéler aux profanes les rites des mystères, sans savoir que cela soit défendu, ainsi qu'il arriva à Eschyle), ce n'est pas vouloir[2]. La volonté suppose, d'une part, la liberté, l'initiative personnelle, l'absence de toute contrainte, de l'autre, la connaissance de ce qu'on fait, et le discernement moral, ou la faculté de connaître si ce qu'on fait est bien ou mal.

La volonté ainsi définie est la condition sans laquelle la responsabilité ne peut être. Elle en est aussi la condition suffisante. La responsabilité suppose donc, non la liberté d'indifférence ou spontanéité aveugle, qui se traduit par le caprice ou le coup de tête, mais le libre choix, qui procède d'une détermination réfléchie, la résolution prise délibérément ou en connaissance de cause.

Précisons la notion de délibération et de choix. Il y a

[1] ARISTOTE. *Éthique à Nicomaque*, III.
[2] *Id... Ibid.*

des choses sur lesquelles on ne délibère pas, soit parce
qu'il ne dépend pas de nous de les produire (les choses
nécessaires ou impossibles), soit parce qu'il ne dépend pas
de nous de ne pas les vouloir (comme le bien, le bonheur).
Ces dernières rentrent dans la catégorie de *fin*. « Un mé-
decin, dit Aristote, ne met pas en question s'il doit guérir
son malade, ni un orateur, s'il doit persuader son audi-
toire, ni un législateur, s'il doit faire de bonnes lois; d'une
façon générale, on ne délibère jamais sur la fin. Mais quand
on s'est proposé quelque but, on examine comment et par
quels moyens on pourra y arriver; et, dans le nombre de
ceux qui semblent pouvoir y conduire, on considère quel
est celui qui y conduira le mieux et le plus facilement[1]. »

Il suit de là qu'on serait uniquement responsable des
moyens qu'on emploie, étant donnée la fin qu'on poursuit,
qu'on devrait être jugé d'après ses principes, mais qu'on
n'aurait pas à rendre compte de ses principes mêmes,
qu'on ne serait coupable que d'inconsidération, d'inconsé-
quence ou de faute logique, que d'infidélité à son caractère, et qu'on n'aurait pas à répondre de son caractère
même, ni des fins poursuivies en raison de sa nature.

En d'autres termes, la responsabilité aurait pour condition essentielle l'intelligence. L'intelligence est l'intermédiaire par lequel les motifs influent sur la volonté; elle
dirige l'action, en prévoit les effets ou les suites, apprécie
la valeur morale, en même temps que pratique, des effets
visés, des résultats obtenus, des moyens employés. Mais
l'intelligence a ses limites : il y a des choses à l'égard
desquelles elle est passive, sur lesquelles elle ne délibère

---

[1] *Loc. cit.* Cf. PASCAL. « C'est une chose déplorable (?) de voir les
hommes ne délibérer que des moyens, et point de la fin. » Fr. 92 édit.
Brunschwicg.

pas, qu'elle ne met pas en question, qu'elle ne juge pas et
n'est pas en état de juger. Les limites de l'intelligence
déterminent celles de la responsabilité. Tel homme est
incapable de mettre en doute, si douteux qu'ils soient, son
caractère, sa ligne de conduite : il est donc irresponsable
à cet égard, et responsable seulement à l'égard des actes
qu'il peut apprécier dans les limites de sa conscience. Tel
autre, au contraire, est en état de juger son caractère, ses
principes : il est donc coupable s'il jette sur ses défauts un
voile complaisant, s'il manque de clairvoyance. Il y a là
en apparence une situation privilégiée pour les incon-
scients, pour les personnes atteintes de cécité morale. Mais
il faut remarquer que, si la responsabilité est une charge,
elle est aussi un honneur. La plus grande marque de mépris qu'on puisse donner à un homme est de le tenir pour
irresponsable. C'est juger bien sévèrement un homme que
de déclarer qu'il ne doit pas être jugé.

En résumé, la responsabilité est relative à l'intelligence
et à la conscience de chacun. Pour qu'un acte me soit im-
putable, il faut et il suffit que j'apprécie le rapport de cet
acte avec le bien, tel que je le conçois, que je juge cet
acte selon mes lumières; on ne peut me demander d'en
juger selon la raison absolue. La responsabilité, en un
mot, est toujours personnelle ou subjective : elle n'implique ni la liberté absolue du vouloir (le pouvoir d'agir
sans motifs ou l'indépendance absolue à l'égard des motifs) ni la connaissance absolue du bien.

La responsabilité est relative encore en un autre sens :
elle comporte des degrés à l'infini. Elle dépend de deux
conditions : la liberté et l'intelligence, et du rapport de
l'une à l'autre. Suivant que ces conditions se trouvent
réunies, ou que l'une fait défaut, et suivant que chacune

d'elles est plus ou moins remplie, la responsabilité est donc atténuée ou aggravée.

Mais il n'arrive guère qu'elle disparaisse entièrement. La raison en est que le défaut de volonté peut être lui-même volontaire, que l'ignorance même n'est pas une excuse, quand elle pouvait être évitée [1], que, d'autre part, le consentement donné à un acte doit être interprété comme un consentement donné à tous les effets prévisibles qu'il entraîne, qu'en un mot, la *préméditation* positive et actuelle, comme on l'entend d'ordinaire, n'est pas la condition rigoureusement nécessaire et la forme unique de la responsabilité. Ainsi toute déformation ou dégradation morale, considérée tant en elle-même que dans ses suites irréparables, immédiates ou lointaines, doit être imputée comme une faute, et non pas seulement comme un malheur, à celui qui la subit, parce qu'il pouvait la prévoir et devait l'éviter. S'enivrer, par exemple, c'est se mettre sciemment dans le cas de commettre, sans le vouloir, des actes de brutalité ; c'est donc consentir d'avance à de pareils actes, implicitement les vouloir. La responsabilité porte ainsi sur tous les actes, directement ou indirectement voulus, pris en eux-mêmes et dans leurs conséquences ; elle n'est point momentanée et accidentelle, mais foncière et durable.

La responsabilité croît en raison du développement naturel ou acquis de l'intelligence, de son étendue, de sa pénétration, de sa culture. Elle décroît ou est suspendue, quand l'intelligence est troublée, comme dans la folie, le

---

[1] Les législateurs, dit Aristote, punissent à bon droit « ceux qui ignorent une chose prescrite par les lois, et dont il leur eût été facile de s'instruire ». C'est pourquoi encore il était parfaitement légitime d'inscrire dans le Code : « Nul n'est censé ignorer la loi ».

délire, l'accès passionnel, le somnambulisme. Toutefois, si
l'intelligence crée la responsabilité, ce n'est pas par elle-
même et en tant que telle, mais en tant qu'elle est l'âme
de la liberté, pour parler comme Leibniz, c'est-à-dire
qu'elle assure le fonctionnement normal de la volonté,
qu'elle l'éclaire, la guide, l'affranchit des instincts aveugles.
Or, à ce point de vue, la droiture et la fermeté naturelles
de la raison importent plus que l'étendue des connaissances, sont liées plus étroitement au caractère. C'est
essentiellement dans le caractère ou la volonté, dans la
liberté, l'initiative personnelle, que la responsabilité réside.
L'intelligence n'en est une condition que parce qu'elle est
un élément de la volonté, ou que son usage est lui-même
un acte de volonté. La volonté seule est proprement responsable, et elle l'est plus ou moins, non seulement suivant qu'elle est plus ou moins éclairée, mais, d'une façon
générale, suivant qu'elle est, pour une raison ou pour une
autre, plus ou moins en mesure de décider et d'agir, plus
ou moins affranchie des servitudes de tout ordre (entraves
apportées par les circonstances, la nature, le milieu
social), plus ou moins à l'abri des tentations ou sugges-
tions externes (excitations malsaines, exemples), plus ou
moins servie ou desservie par les événements, plus ou
moins favorisée ou contrariée dans son évolution. Il suit
de là qu'elle est essentiellement individuelle ou relative.

A mesure qu'on acquiert de la responsabilité une idée
plus large et plus précise, qu'on en démêle mieux les conditions variables et complexes, les degrés et les nuances,
il semble que cette idée perde de son efficacité pratique,
qu'on l'applique moins souvent et avec moins d'assurance,
qu'on s'en détache presque. L'appréciation morale est
toujours délicate, à quelque degré incertaine; c'est assez

pour que' se l'interdisent les esprits absolus, épris d'un
idéal d'infaillibilité; c'est assez aussi pour que s'en dispen-
sent les esprits timorés, qui redoutent la responsabilité de
leur propre jugement, et les esprits paresseux et simplistes,
qui se retranchent derrière les difficultés déclarées inex-
tricables d'un examen approfondi et minutieux. Il faut également tenir compte d'un sentimentalisme vague, d'une
pente·générale de l'opinion à l'indulgence, suite naturelle
de.l'adoucissement des mœurs, et d'un affaiblissement du
sens·moral, qui pourrait provenir d'une baisse générale
des caractères. Au point de vue logique, aussi bien que
moral, une telle atteinte portée à la notion de responsabilité ne laisse pas d'être injustifiable. A mesure que nous
connaissons mieux la solidarité des actions humaines, leurs
inéluctables conséquences, leur influence sur la vie entière
de l'individu et de l'espèce, leur retentissement social,
nous devrions au contraire prendre de notre responsabilité
une idée plus haute, nous devrions en avoir un sentiment
plus profond. La responsabilité, en s'éclairant, peut bien se
déplacer, se transformer dans notre esprit, mais non pas
se perdre. L'apparence en est changeante, mais le fond
immuable. Si l'on songe, d'autre part, que la responsabilité du bien est inséparable de celle du mal, qu'il serait
absurde d'admettre la responsabilité des vertus et de rejeter celle des vices, on mesurera aisément toute l'injustice
de l'opinion ou du dogme d'une responsabilité s'évanouis-
sant à la réflexion, jugée théoriquement inappréciable et
pratiquement nulle, par le préjudice qu'on cause ainsi aux
âmes nobles, héroïques, ou d'une vertu simplement commune, pour ne rien dire de l'indulgence, bien plus de la
faveur accordée aux coupables. L'égalitarisme moral, le
mérite et le démérite personnels également méconnus,

représentent le scepticisme radical, l'abdication de la cons+
cience.

II

La question de la responsabilité se complique de celle
de savoir à qui il appartient de l'établir. On peut fort bien
admettre la responsabilité de l'individu et s'arrêter devant
la difficulté de lui trouver des juges, de décider à qui
revient le droit de lui demander compte de sa conduite.

Envers qui sommes-nous responsables? Cela revient à
demander : Qui est apte à nous juger? Qui a la compé-
tence voulue? Qui possède en outre l'autorité morale nécessaire pour édicter des lois, et qui dispose de la force pour
les appliquer?

Moralement, nous ne devrions relever peut-être que de
notre conscience. Mais, en fait, nous sommes justiciables
aussi des tribunaux, de l'opinion publique.

La responsabilité devant les tribunaux, se traduisant par
des peines matérielles et visibles, paraît la plus nette, la
plus saisissante, la plus fortement établie. Les tribunaux
représentent d'ailleurs une juridiction compétente, investie
d'une autorité morale réelle, et armée d'un pouvoir efficace. Mais cette juridiction a-t-elle une portée morale suffisante, a-t-elle même un caractère proprement moral? On
en peut douter. Tout d'abord, les tribunaux ont une
action simplement répressive; or, la responsabilité ne se
divise pas, la responsabilité du mal ne va pas sans celle du
bien. De plus, non seulement les tribunaux punissent les
fautes sans récompenser les vertus, mais encore ils ne
punissent pas toutes les fautes, mais celles-là seulement
qui sont de nature à porter atteinte à la société, à la mettre
en péril. Les actes d'immoralité qui auraient, par hypo-

thèse, un caractère exclusivement privé, qui ne seraient pas antisociaux, ne sauraient relever des tribunaux[1]. Ceux-ci, en effet, ont pour fonction, non pas de faire régner la vertu par contrainte, suivant la conception fausse et contradictoire de l'État antique, et de toutes les Églises, mais de faire observer la justice, considérée elle-même, non en tant que vertu, mais en tant que condition nécessaire de l'ordre social. — Même l'État ne châtie jamais, à proprement parler, et n'a pas qualité pour châtier les coupables, s'il est vrai que le châtiment implique l'idée morale d'expiation. L'État prend des mesures rigoureuses de préservation et de défense sociales : ces mesures sont interprétées comme des châtiments, mais, à vrai dire, n'en sont pas.

La justice des tribunaux serait même dépourvue de tout caractère moral, si elle ne s'imposait pas à elle-même cette règle de n'exercer sa fonction répressive que dans les limites du droit, de ne défendre la société que lorsqu'elle est moralement fondée à le faire, contre des dangers, provenant d'une injustice dûment établie, et par des mesures qui, si elles ne sont pas inspirées uniquement du sentiment de la justice, ne vont du moins jamais contre ce sentiment. Que les tribunaux, en fait, n'observent pas toujours cette règle, qu'ils soient, en outre, sujets à erreurs et à défaillances, c'est ce qu'il est à peine besoin d'indiquer, et c'est ce qui ajoute encore à l'insuffisance morale qu'on a démontré être la leur, alors même qu'ils remplissent l'idéal de leur fonction.

[1] « Quoi de plus inquisitorial et de plus vexatoire que le droit que Calvin s'était arrogé d'envoyer ses censeurs des mœurs à toutes les heures du jour, dans chacune des familles genevoises, pour s'assurer que les lois, soit de la sobriété, soit de la piété, y étaient observées ponctuellement, et pour infliger aux délinquants des peines en rapport avec la gravité de leurs fautes. » Ferraz. *Philosophie du devoir*, p. 215.

L'opinion publique est un juge moralement supérieur aux tribunaux, en ce sens qu'elle exerce son action sur un rayon plus vaste et dans un esprit plus largement moral. Elle condamne en effet toutes les fautes, celles que la légalité non seulement n'atteint pas, mais parfois peut couvrir, les fautes contre la charité aussi bien que contre la justice, celles mêmes qui n'ont pas de répercussion sociale, qui sont d'un caractère familial ou privé. De plus, elle dispense l'éloge aussi bien que le blâme ; elle honore les gens de bien et ne se contente pas de honnir les coupables. Elle s'inspire enfin, ou prétend s'inspirer, de principes moraux ; d'autre part, l'autorité qu'elle exerce est toute morale, analogue à celle de la vérité et de la raison ; elle ne pèse que sur les esprits. Elle forme, dit Höffding, « un intermédiaire entre le droit positif et la conviction morale. Le droit se préoccupe uniquement de l'acte extérieur ; l'opinion publique va plus loin et juge les caractères. Son tribunal tient compte des circonstances auxquelles ne saurait avoir égard le tribunal juridique. Aussi absout-elle parfois des gens condamnés par la loi, quoique plus souvent encore elle incrimine des gens qu'on ne saurait traduire devant aucune juridiction légale ».

Mais l'opinion publique ne laisse pas d'être, à certains égards, inférieure aux tribunaux. « Elle ne dispose pas des solides méthodes susceptibles d'être employées par l'organisation juridique, quand il s'agit d'éclaircir la nature d'un acte[1]. » Elle est mal informée, elle manque de critique. Elle est sujette à des préventions ; elle a des indulgences et des sévérités excessives. Elle est toute de premier mouvement, inconsidérée, irréfléchie. Elle est de plus

---

[1] HÖFFDING, *Morale*, XXXVII, 6.

inconsistante et mobile. On la retourne aisément : il suffit
de lui tenir tête pour la faire reculer, de la braver pour se
la rendre favorable. Si peu sûre qu'elle soit de ses jugements, de ses principes, elle se montre tyrannique, cas-
sante et souvent sans pitié. Aussi la redoute-t-on au moins
à l'égal des tribunaux. La peine de ceux-ci s'accroît toujours de l'infamie qu'elle entraîne et tire parfois de cette
infamie toute sa gravité. L'opinion est « une sorte de
police morale exerçant une puissante influence par sa
louange ou son blâme[1] ». La crainte qu'elle inspire est
un des mobiles les plus puissants. Qu'on en juge par ce
fait : il y a des actes, réprouvés par notre conscience, contraires à notre caractère, que nous ne laissons pas d'accomplir sous la pression de l'opinion, par exemple le duel.

Par son action sur les mœurs, l'opinion est donc un fait
considérable. Mais quelle est la signification morale de ce
fait ? Quelle est sa valeur ? Convient-il de s'en dégager, ou
de s'en inspirer et de la suivre ? Il est impossible, en tous
cas, de la tenir pour indifférente. La braver d'ailleurs,
c'est souvent la rechercher; la prendre à rebours, comme
les Cyniques, c'est encore en tenir compte. Il n'est pas
permis non plus de la rejeter systématiquement et en bloc;
il faut la respecter comme expression des consciences,
alors qu'elle ne s'accorde pas avec notre conviction morale;
il ne faut pas l'offenser gratuitement; mais il faut la juger,
et non pas y soumettre son jugement. Elle n'est pas une
règle pour nous, si ce n'est dans la mesure où elle se trouve
être l'extériorisation et la confirmation de notre conscience.
L'opinion représente, au mieux, une moralité moyenne, au-
dessous de laquelle nous ne devons pas tomber, mais que

[1] Höffding *loc. cit.*

nous pouvons dépasser. Elle peut être même une immoralité véritable, dont nous n'avons pas seulement à nous dégager pour notre compte, mais que nous avons encore à combattre chez les autres. Le devoir, en effet, est souvent d'éclairer, de réformer l'opinion, de réagir contre ses tendances dogmatiques et autoritaires. A ce devoir il convient que chacun se prête de bonne grâce, sans pédantisme et sans morgue. On a donc toujours à compter avec l'opinion, qu'on s'en détache ou qu'on la suive. Mais la responsabilité devant l'opinion n'est point la responsabilité véritable et dernière. Comme il faut en appeler du jugement des tribunaux à celui de l'opinion, il faut en appeler aussi, en dernier ressort, du jugement de l'opinion à celui de la conscience.

La conscience individuelle est, et doit être, notre seul juge. Elle est le seul que nous ne puissions récuser. Les autres hommes nous jugent, du dehors et sur les apparences, selon leur mentalité et selon leurs principes. Nous seuls, nous savons ce que nous valons et ce que nous sommes, et, étant donné un acte, à quel sentiment, en l'accomplissant, nous avons obéi, à quelle règle nous avons manqué. En dernière analyse, nous ne sommes donc responsables que devant notre conscience et selon notre conscience.

Toutefois la responsabilité intérieure peut-elle être regardée comme suffisante? Ne sommes-nous pas responsables de notre conscience même, laquelle peut être oblitérée, éteinte, obscurcie par les préjugés, égarée par les sophismes, impuissante et lâche devant la passion, hors d'état d'apprécier et de juger sainement nos actes? Assurément, et c'est pourquoi nous cherchons un appui moral contre nous-mêmes. Il nous déplaît d'être juges en notre

propre cause. Nous craignons d'être intéressés et partiaux.
De là le prix que nous attachons au jugement d'autrui,
correctif du nôtre. Nous sentons aussi que notre propre
estime ne peut nous réconforter et soutenir assez, ni notre
propre blâme assez nous punir.

Enfin la moralité, et partant la responsabilité, n'est pas
toute subjective et interne. Notre activité est transitive, se
projette au dehors. Aussi de bons esprits veulent-ils que la
responsabilité soit également autre chose qu'une opinion,
un jugement porté sur la conduite d'un homme par la
conscience des autres ou la sienne propre ; ils la font alors
consister dans l'ensemble des faits matériels qui découlent
logiquement ou naturellement de nos actes. Chacun de
nous, disent-ils, récolte ce qu'il a semé. La notion de responsabilité est ainsi élargie. Une sorte de fatalité morale
pèse sur les actions humaines, en déroule les conséquences :
toute faute s'expie tôt ou tard, les égarements de la jeunesse dans le cours entier de la vie de l'individu, et, au delà
de cette vie même, dans les destinées de sa race. Comme il
est dit dans la Bible, nos pères ont mangé des raisins verts
et c'est nous qui avons les dents agacées. Dans l'ordre
moral, comme dans l'ordre physique, rien ne se perd : le
bien, le mal portent toujours et nécessairement leurs fruits[1].

Voilà la responsabilité entière, comprenant toutes les
conséquences de nos actes : naturelles (exemple : la santé,
prix de la tempérance) — sociales (honneur, déshonneur)
— proprement morales (satisfaction intérieure, remords).

Par malheur, à ne vouloir sacrifier aucun des éléments
de la responsabilité, à les mettre tous ensemble et sur la
même ligne, on ternit, on altère et on compromet la notion

---

[1] Telle est la thèse morale, développée dans tous les romans d'Eliot,
particulièrement dans *Adam Bede*.

même de responsabilité. Où prend-on que la nature se
montre intéressée à nos vertus et à nos vices, nous en
tienne compte, et que le déterminisme de ses lois produise
le succès final du bien [1] ? N'y a-t-il pas des fatalités qui
vont à l'encontre du mérite ? Ou bien le mérite consisterait-
il avant tout dans la sûreté du coup d'œil, la prudence
avisée, qui tire du hasard des événements ou du cours des
choses le meilleur parti ? A la façon dont les hommes
entendent souvent la responsabilité, au prix qu'ils mettent
à leur vertu, aux espérances qu'ils fondent sur elle, à la
balance qu'ils établissent entre le bonheur et le mérite, on
voit assez que le mérite n'a point, à leurs yeux, un caractère exclusivement moral. C'est à ce qu'ils attendent et à
ce qu'ils espèrent, et non pas seulement à ce qu'ils font
que se mesure leur valeur morale. Quels juges, et plus
particulièrement, quel juge suprême reconnaissent-ils de
leur caractère et de leurs actions ? Question grave dont
la solution dépend de leurs principes, et est elle-même
l'épreuve de leurs principes.

III

A la question de savoir quels sont nos juges s'ajoute
celle de savoir sur quoi nous devons être jugés. Autrement
dit, de quoi sommes-nous responsables ? Est-ce de nos
intentions ou de nos actes ?

La réponse semble aisée :

> Quand le bras a failli, on en punit la tête.

Un acte tire sa signification morale du motif qui l'inspire.

---

[1] Ce point de vue est fortement développé dans GUYAU: *Esquisse
d'une morale sans obligation ni sanction.*

L'ours qui lance un pavé à la tête de son maître, et l'assomme
en voulant le débarrasser d'une mouche, accomplit un acte
moralement bon, quoique matériellement détestable. Inversement, cet homme dont parle Montaigne qui, voulant
transpercer un ennemi, lui ouvrit un abcès qui mettait sa
vie en danger, accomplit un acte matériellement bon et
moralement détestable. L'intention est donc le seul bien
ou le seul mal, si par intention, comme il va de soi, on
entend, non celle dont on se prévaut, dont on colore ses
actes, comme dans l'art jésuitique *des directions d'intention*[1], non le prétexte invoqué, mais le mobile réel, si de
plus on entend, non l'intention vague, la velléité, le désir
qui ne coûte rien, celui qu'on a en vue, quand on dit que
l'enfer est pavé de bonnes intentions, mais la décision
arrêtée et ferme, la résolution efficace, ou mieux, le commencement d'acte.

Le rapport est si étroit de l'intention ainsi définie à
l'acte, qu'on a pu dire qu'une intention ne doit être tenue
pour réelle qu'autant qu'elle se réalise, autrement dit, que
l'acte seul compte, non sans doute à part de l'intention,
mais en tant qu'il met l'intention à l'épreuve et en fait la
preuve. « Les actes, dit Schopenhauer, pèsent seuls sur
notre conscience ; seuls, ils ne sont pas problématiques
comme les pensées (intentions), mais, au contraire, certains
(gewiss); ils sont là, désormais, impossibles à changer,
ils ne sont pas simplement objets de pensée, mais bien de
conscience[2] (Gewissen) ». Comme l'intention peut être

[1] Cet art, Molière le définit ainsi par la bouche de Tartufe.

> Suivant divers besoins, il est une science
> D'étendre les liens de notre conscience,
> Et de rectifier le mal de l'action
> Avec la pureté de notre intention.

[2] *Le fondement de la morale*, tr. fr. p. 73.

apparente sans être réelle, elle peut être réelle sans être apparente. Nous ne nous connaissons pas tout entiers, et nous nous connaissons mal. Nous nous méprenons sur notre compte comme sur celui des autres ; nous ne savons pas bien ce que nous voulons. Le plus sûr est donc de ne nous juger nous-mêmes, et nos intentions, que sur preuves authentiques, c'est-à-dire sur nos actes. « C'est par nos actes seulement, et par expérience, que nous apprenons à nous connaître, nous et les autres [1]. » L'acte révèle l'intention. Il ne faut donc pas dire, d'une façon absolue, que l'individu seul peut se juger lui-même, parce qu'il connaît ses intentions, et que les autres les ignorent ; la vérité est qu'il est souvent mieux connu des autres que de lui-même ; les autres peuvent pénétrer mieux ses intentions, en les inférant de ses actes, qu'il ne les perçoit lui-même par une intuition directe [2].

Toutefois, dire que nous ne sommes responsables que de nos actes serait plus inexact encore que de dire que nous

---

[1] SCHAUPENHAUER, *Ouvrage cité*, p. 73.

[2] Il est curieux de voir un savant, Metchnikoff, développer ce point de vue, et en tirer les conséquences : « Les intentions, la conscience, éléments qui nous échappent, ne peuvent pas servir, dit-il, pour l'appréciation de la conduite des hommes. C'est aux conséquences qu'il faut s'adresser pour cela. Or, il est facile de constater que » l'*intention* va contre le *fait.* La bonté engendre ou peut engendrer les maux les plus grands. Ainsi « poussé par le besoin altruiste de faire du bien, l'homme répand ses prodigalités sans réflexion et aboutit au mal pour ses semblables et pour lui-même. Shakespeare a peint dans son *Timon d'Athènes* le meilleur des hommes qui se dit *né pour la bienfaisance* et qui donne à droite et à gauche tout ce qu'il possède, créant autour de lui toute une nuée de parasites. » D'autre part, « dans l'énorme complexité des choses d'ici-bas, il arrive que les actes méchants peuvent rendre quelquefois plus de services que les actions inspirées par le plus généreux sentiment. C'est ainsi que les mesures de répression rigoureuse sont souvent plus utiles que les demi-mesures employées par un administrateur plein de cœur et de bonté. » (E. METCHNIKOFF : *Essais optimistes*, p. 396. Paris, Maloine, 1907). L'auteur conclut qu'en morale, comme dans la science, dans la politique, dans l'art, le fait seul compte, l'intention n'est rien. La conclusion est au moins simpliste.

ne le sommes que de nos intentions. Nous sommes, en
effet, responsables de nos actes, non en tant que tels,
mais en tant qu'intentionnels et expressément voulus.
Qu'est-ce donc qu'un acte voulu? C'est un acte, réfléchi
ou spontané, j'allais dire conscient ou inconscient, mais
qui rentre dans la trame de notre vie, qui se rattache à
notre caractère, qui exprime et reflète notre personnalité.
Je n'en veux pas à un homme, généralement bon et bien-
veillant, d'un mot dur qui lui échappe. Ce mot-là n'est
pas de lui, ne lui ressemble pas. Il n'a pas de signification,
de portée morale. Mais le même mot me blesse s'il vient
d'un esprit chagrin, médisant, haineux ou jaloux. Toute
théorie morale, stoïcienne ou chrétienne, mise de côté, il
y a des actes qu'on pardonne, et d'autres qu'on ne pardonne pas. Les premiers sont ceux qui ne tiennent pas à
la personnalité de l'agent, qui procèdent d'une volonté en
l'air, d'un coup de tête, d'un caprice, le caprice lui-même
étant un accident ou une crise, non un état; les seconds
sont ceux qui ont dans l'âme des racines profondes et jail-
lissent du caractère. On est donc mal venu à dire d'un
homme pour l'excuser d'une faute : « Il est ainsi fait ; il
faut le prendre comme il est. » Mais au contraire, j'excu-
serais de grand cœur et je devrais raisonnablement excuser
tel homme d'avoir accompli un acte déplaisant ou odieux,
si cet acte lui était étranger ; c'est justement parce qu'il
est l'auteur véritable ou le « père » de cet acte, que je le
tiens pour coupable. La responsabilité est chose grave et
profonde ; elle porte sur ce qu'il y a de plus intime en
nous, sur nos actes, en tant qu'ils attestent nos intentions,
sur nos intentions, en tant qu'elles émanent de notre caractère, et ainsi le révèlent[1].

[1] Chateaubriand a éloquemment réfuté le sophisme ordinaire, qui

On tire de là cette conséquence que, pour être juste, la responsabilité, la répartition des récompenses et des peines, doit être appropriée au caractère de chacun. Vous avez commis une faute : pour l'expier, il ne suffit pas que vous payiez une amende inscrite en face de cette faute, en vertu d'un tarif, fixé par le Code. La faute étant personnelle, le châtiment doit l'être aussi ; comme la faute procède du caractère, il faut que ce soit au caractère que le châtiment s'applique. Cette appropriation du châtiment à la faute, non en tant que matériellement telle, mais en tant que personnelle ou reflétant le caractère du coupable, constitue ce qu'on a appelé « l'individualisation » de la peine, et rentre dans ce qu'Aristote appelle l'équité. « L'équité corrige les inconvénients qui résultent de la trop grande généralité de la loi[1]. »

IV

En quoi consiste la responsabilité? Est-ce dans le mérite

consisté à se disculper de ses fautes, en les rejetant sur son caractère. Il raconte que Napoléon aurait confessé en ces termes des regrets au sujet du meurtre du duc d'Enghien :

« J'ai appris depuis, mon cher, qu'il (Enghien) m'était favorable ; on m'a assuré qu'il ne parlait pas de moi sans quelque admiration, et voilà pourtant la justice distributive d'ici-bas ! »

— « *Mon cher, voilà pourtant la justice distributive d'ici-bas !* Attendrissement vraiment philosophique ! Quelle impartialité ! Comme elle justifie, en le mettant sur le compte du destin, le mal qui est venu de nous-mêmes ! On pense tout excuser maintenant, lorsqu'on s'est écrié : *Que voulez-vous ! C'était ma nature ! C'était l'infirmité humaine !* Quand on a tué son père, on répète : *Je suis fait comme cela !* Et la foule reste là bouche béante, et l'on admire le crâne de cette puissance, et l'on reconnaît qu'elle était faite comme cela ! Dois-je subir cette façon d'être ? Ce serait un beau chaos que le monde, si tous les hommes qui *sont faits comme cela* venaient à vouloir s'imposer les uns aux autres ! » (*Mémoires d'outre-tombe*, p. 455, 6° édit. Biré.)

[1] *Éthique à Nicomaque.*

et le démérite, pris abstraitement et en soi ? Est-ce dans la sanction ?

Pris au sens absolu, le mérite se suffit à lui-même; il n'a pas besoin d'être récompensé, ni seulement reconnu; il n'a pas même besoin d'être conscient; au contraire, il gagne à s'ignorer. Mais, alors qu'on les supposerait conscients, le mérite et le démérite peuvent exister en dehors de toute sanction, à savoir en dehors même de la satisfaction morale et du remords. L'homme de bien, en effet, peut avoir conscience de sa vertu, en éprouver quelque fierté, en sentir tout le prix, et cependant n'en retirer qu'une joie médiocre, ou peut-être n'en retirer aucune joie. De même, et plus manifestement encore, le démérite ne s'accompagne pas toujours de remords ou de honte. Le mérite accompli, comme la déchéance complète, semblent même avoir pour caractère de n'être plus sentis.

Il est vrai qu'il n'y a point de vice ni de vertu achevés : si bas qu'on soit tombé, on peut toujours tomber plus bas; si haut qu'on soit moralement élevé, on peut s'élever toujours plus haut. La notion de mérite et de démérite, en ce sens, est donc essentiellement relative : elle s'applique aux variations, aux changements de niveau de la moralité, non à la moralité considérée comme constituée ou définitivement acquise. Le mérite est alors une élévation en dignité, un accroissement de valeur, ou, suivant l'heureuse expression de Paul Janet, une « hausse morale » : le démérite, une dégradation, une déchéance, une « baisse morale ». Par suite, pour apprécier le mérite d'une personne, il faut tenir compte de son caractère, de son tempérament, de ses dons ou défauts naturels, des circonstances favorables ou contraires, dans lesquelles la vie l'a placée : le mérite, en effet, représente, non seulement le degré de

moralité atteint, mais encore, et surtout, l'effort accompli
pour l'atteindre. Il est, comme dit Janet, en raison composée de l'importance du devoir et de la difficulté qu'il y a
à le remplir. Il suit de là qu'il est essentiellement, pour ne
pas dire exclusivement, personnel : tel, pour se maintenir
dans les régions de la moralité moyenne, déploie autant
d'énergie, de constance que tel autre pour atteindre la vertu
héroïque.

L'appréciation du mérite résulte donc logiquement de
la comparaison de l'individu avec lui-même. Mais en
résulte-t-elle uniquement ? Non ; en fait, à tort ou à raison,
on compare toujours plus ou moins l'individu avec les
autres[1], et on fait en partie consister le mérite et le démérite personnels à s'élever au-dessus ou à tomber au-dessous
du niveau moyen de la moralité commune. La notion de
mérite a ainsi un double aspect : individuel et social. Elle
est deux fois relative : elle exprime le rapport de la personnalité morale au tempérament, à la nature première, des
vertus acquises aux penchants innés, et le rapport de la
moralité de l'individu à celle de la société dont il fait
partie.

Nous avons jusqu'ici considéré le mérite comme une
pure qualité morale, résidant dans l'individu, et relative
seulement en ce sens qu'elle comporte des degrés, qu'elle
varie d'un individu à l'autre, et dans le même individu.
Mais le mérite ainsi entendu est une abstraction. Au sens
étymologique et propre, *mériter* veut dire : *avoir droit à
quelque chose*. Le mérite ne serait donc pas la pure
valeur morale, mais les droits qu'elle confère, comme le
démérite ne serait pas la simple déchéance ou immoralité,

---

[1] L'individu lui-même se juge toujours par comparaison avec autrui ; la fierté personnelle peut être faite uniquement, et avant tout, du
mépris des autres : elle s'appelle alors le pharisaïsme.

mais les suites qu'elle engendre, ou le châtiment qu'elle encourt. Autrement dit, la responsabilité doit être considérée en elle-même et dans ses conséquences. Considérée en elle-même, elle est le mérite et le démérite, tels qu'on les a définis, pris abstraitement et en soi. Considérée dans ses conséquences, elle est la sanction, ou la récompense et la peine méritées.

C'est une question de savoir si la moralité, en tant que telle, soit naturelle, soit acquise, comporte une sanction, et laquelle. Il n'est pas, en effet, évident de soi que la vertu ait droit au bonheur, à un bonheur du moins qui lui serait étranger, j'entends qui serait autre chose que le pur contentement qu'elle tire d'elle-même. Il ne l'est pas davantage que le vice appelle (je ne dis pas en fait, mais en droit) un châtiment. L'idée de récompense et de peine matérielles répugne à une conscience éclairée, paraît grossière et barbare. L'idée de sanction en général, si épurée qu'on la suppose, ne se justifie peut-être pas davantage au regard d'une conscience rigoureuse. La moralité cesse d'être si elle est intéressée : il faut donc la concevoir en dehors de toute sanction.

Mais le mot sanction est équivoque. Il désigne la récompense ou la peine attachées à l'accomplissement ou à la violation d'une loi, d'où il suit qu'il y a autant de sanctions que de lois différentes. De plus la récompense et la peine peuvent être envisagées soit comme des *motifs* d'accomplir la loi, soit comme des *conséquences* qu'entraîne l'accomplissement ou la violation de la loi. Plaçons-nous donc à ces divers points de vue pour examiner le problème de la sanction morale.

Envisagée comme *mesure préventive*, la sanction a pour but l'*amendement* ou l'*exemple*.

1° En tant qu'*amendement*, la sanction est logiquement justifiée, si elle est efficace ; mais l'est-elle moralement ? A-t-on le droit de peser sur les volontés pour les mener au bien ? Leibniz répond sans hésiter : « Puisqu'il est sûr et expérimenté que la crainte des châtiments et l'espérance des récompenses sert à faire abstenir les hommes du mal et les oblige à tâcher de bien faire, on a *raison* et *droit* de s'en servir[1]. » Mais le dressage moral par voie de séduction et de contrainte, la confiscation des âmes pourrait découler de ce principe. Il faut donc en restreindre l'application, et dire que la justice, les devoirs de droit strict comportent seuls une telle sanction.

2° L'*exemple* se justifie plus difficilement encore. Peut-on infliger à un coupable, qu'on n'espère pas corriger, une peine uniquement destinée à donner de la terreur aux autres ? Non, à moins que cette peine ne s'impose et ne se justifie par ailleurs ; l'exemple doit se produire et agir en quelque sorte par surcroît ; il ne saurait être directement visé. On doit s'applaudir de ses effets heureux, mais il n'est pas permis de les chercher.

Enfin la sanction vicie la moralité, toutes les fois qu'elle se transforme en *motif* d'agir, qu'elle est un encouragement ou une menace, qu'elle a une action préventive.

3° Elle ne doit venir qu'*après l'acte*. Elle se présente alors comme mesure de *réparation*. Pour être juste, la réparation doit être d'abord réelle. C'est ce qui condamne déjà la peine du talion, laquelle ne répare pas le mal accompli, mais constitue une simple satisfaction, et encore illusoire, donnée à l'instinct de vengeance animale. La réparation doit être matérielle et morale. La réparation matérielle

---

[1] *Théodicée*, partie I, 72.

est nécessaire (exemple : restitution d'une somme volée)
mais elle n'est pas toujours possible (le cas d'un meurtre
par exemple), et elle n'est pas, à elle seule, suffisante. Le
mal exige une réparation morale. Celle-ci comprend quelque chose de plus que le repentir et le remords, à savoir
l'*expiation*. Il y a, dit Leibniz, « une espèce de justice,
qui n'a point pour but l'amendement ni l'exemple, ni
même la réparation du mal. Cette justice n'est fondée que
dans la *convenance* qui demande une certaine satisfaction
pour l'expiation d'une mauvaise action. » Une telle justice
« contente non seulement l'offensé, mais encore les sages
qui la voient, comme une belle musique ou bien une bonne
architecture contente les esprits bien faits... Et on peut
même dire qu'il y a ici un certain dédommagement de l'esprit, que le désordre offenserait, si le châtiment ne contri-
buait à rétablir l'ordre[1]. »

Ce n'est pas seulement l'esprit, mais encore et surtout le
cœur, ou, si l'on veut, l'instinct qui exige l'expiation des
fautes. Cette exigence est-elle fondée? On le conteste aujour-
d'hui. L'idée d'expiation paraît suspecte, entachée de
mysticisme ; elle est discréditée d'ailleurs par les crimes
commis en son nom ; on la repousse à la fois comme irra-
tionnelle et dangereuse. Cette idée est cependant au fond
de l'idée de châtiment. Ce qui fait que le coupable accepte
sa peine comme juste, au lieu de la subir comme une simple
violence, c'est qu'il reconnaît sa faute et l'obligation de
l'expier, et qu'il attache l'idée d'expiation à la peine subie.
La pénalité peut subsister sans doute en dehors de toute
idée morale d'expiation, mais elle apparaît alors comme un
système de moyens de défense, de préservation et d'orga-

[1] *Théodicée*, partie I, 72.

nisation sociales ; elle est rationnelle et logiquement fondée, mais elle n'est plus juste ; la volonté individuelle est traitée comme coupable sans l'être, elle est réduite ou dressée ; elle n'est pas punie, au sens propre du terme. Il faut donc ou rejeter toute idée de sanction, ou donner à la sanction comme principe et comme base l'expiation.

· L'idée d'expiation doit d'ailleurs être purgée de toute superstition, sécularisée ou laïcisée ; elle n'a pas pour prolongement nécessaire, quoique l'histoire montre qu'elle a pour prolongement naturel, l'appel à Dieu, à une vie future. C'est à la conscience coupable qu'il appartient de prendre l'initiative de sa régénération morale, d'en concevoir le mode ; la notion de sanction, comme celle de devoir, est d'autant plus délicate, d'autant plus noble et élevée que la conscience est plus développée ; elle est donc essentiellement individuelle ou relative[1].

D'une façon générale, c'est le caractère relatif ou personnel de la responsabilité qui ressort de notre analyse. Résumons-la en effet. C'est en tant que personnes, qu'êtres raisonnables et libres, que nous sommes responsables, et notre responsabilité croît à mesure que nous sommes plus éclairés, plus conscients, plus maîtres de nous-mêmes, plus capables de nous affranchir de notre nature, de juger notre caractère et nos actes, plus libres d'esprit et de volonté. C'est aussi vis-à-vis de nous-mêmes que nous sommes responsables, et nous n'acceptons le jugement des autres, celui de l'opinion, des tribunaux, celui de la vie même et des événements, qu'autant qu'ils s'accordent avec le témoignage de notre conscience, qu'ils le confirment, l'appuient.

---

[1] Voir, à titre d'exemple, la *Résurrection* de TOLSTOÏ, *Crime et châtiment* de DOSTOÏEWSKI.

C'est de notre personnalité, et de nos actes seulement en
tant qu'ils en dérivent, de nos intentions en tant qu'elles la
manifestent, que nous nous jugeons responsables. Enfin la
responsabilité n'est autre chose que le sentiment de notre
valeur personnelle, diminuée ou accrue, ou que le sentiment
de la justice des sanctions, qui confirment notre mérite ou
notre déchéance, et sont la condition de notre perfectionne-
ment moral ou de notre relèvement.

Sujets à traiter :

I. — *Les conditions, les degrés et les limites de la responsabilité
morale.*

II. — *La responsabilité légale et la responsabilité morale.*

III. — *Dans quelle mesure convient-il de tenir compte de l'opinion
publique et de s'élever au-dessus d'elle ?*

IV. — *Est-il vrai que l'individu ne doive compte de ses actes qu'à
lui-même, ne relève que de sa conscience ?*

V. — *Sommes-nous responsables de notre caractère, et dans quelle
mesure ?*

VI. — *Critique de l'idée de sanction.*

VII. — *Faut-il concevoir la morale en dehors de toute sanction, ou
la regarder au contraire comme inséparable de l'idée de sanction ?*

VIII. — *Qu'appelle-t-on sanction naturelle ? Analyse et critique de
cette sanction.*

IX. — *Qu'appelle-t-on sanction intérieure ? Analyse et critique de
cette sanction.*

X. — *Genèse psychologique de l'idée de sanction.*

XI. — *Le talion, considéré comme forme première de la responsabilité et de la justice. Critique de la loi du talion.*

CHAPITRE VIII

LA SOLIDARITÉ, EXTENSION DE LA RESPONSABILITÉ

SOMMAIRE

La solidarité est la responsabilité qui découle de la vie en commun. — Cas typique de la solidarité : une pluralité de personnes se portant caution les unes pour les autres. Distinction des sociétés délibérément formées et des sociétés naturelles. Assimilation de celles-ci à celles-là grâce à l'hypothèse d'un contrat aux termes duquel, si on ne pose pas les conditions ou bases des sociétés naturelles, du moins on les agrée. — La solidarité, entendue comme la répercussion des actions et réactions des individus les uns sur les autres, ne saurait être assimilée à une sanction. La société, prise dans son ensemble, n'a point de personnalité, de conscience, partant de responsabilité. Critique de la *justice*, dite *d'ensemble*, de la théorie de la *réversibilité des fautes et des mérites*, et conceptions analogues. — La responsabilité ne peut être qu'individuelle ; mais l'individu, en tant qu'il prend conscience de la solidarité, s'en rend maître, en dirige les effets, devient responsable, non seulement de soi, mais des *autres*, et *pour les autres*, dans une limite d'ailleurs restreinte. La solidarité est une réciprocité morale. Elle a pour règle la justice ; elle n'est point ou ne doit pas être la négation de la justice, l'abdication de la personnalité, le servage moral.

LA SOLIDARITÉ
EXTENSION DE LA RESPONSABILITÉ

Nous avons jusqu'ici considéré uniquement la responsabilité individuelle. Mais cette responsabilité n'est point la seule : l'individu, ne pouvant vivre isolé, ne peut non plus avoir à ne répondre que de lui-même; il est membre de la société, et doit être responsable comme tel.

La responsabilité, qui résulte du fait de la vie en commun s'appelle solidarité. La solidarité apparaît, sous sa forme la plus simple, dans le cas où plusieurs individus se portent garants ou caution les uns pour les autres, contractent un engagement commun, et promettent de le tenir, chacun pour sa part, et, s'il le faut, pour tous. C'est ainsi que des débiteurs solidaires, se trouvant tous insolvables, sauf un, celui-ci devra acquitter la dette *en entier* (*in solidum*). La solidarité est donc une responsabilité, en un sens, collective, cependant toujours divisible, et qui, en fait, toujours à la fin se divise, également ou inégalement, suivant les cas, entre les individus.

Mais il faut distinguer deux sortes de sociétés : celles dans lesquelles on entre par choix et dont on se retire quand on veut, et celles dans lesquelles on est jeté par le hasard de la naissance et des circonstances, et qu'on n'a qu'à subir. La responsabilité dans les unes et les autres ne saurait être la même, et il n'y a que l'assimilation de toute société à un contrat qui puisse justifier la désignation commune de solidarité dans les deux cas. On admet que celui qui est, naturellement et nécessairement, membre d'une société, doit se considérer, comme étant, vis-à-vis de cette société, exactement dans la même situation qu'il serait à l'égard d'une autre, où il serait entré de son plein gré, après avoir comparé les avantages et les inconvénients de celle-ci, et trouvé qu'en fin de compte les premiers l'emportent. Un tel raisonnement ou postulat n'est évidemment valable que si la société, dans laquelle on est incorporé sans son consentement, se trouve, dans l'ensemble, avantageuse pour l'individu, et est reconnu par lui comme telle, autrement

dit, obtient son consentement après coup. Même, dans ce
cas, il n'y a pas encore responsabilité véritable, puisque la
responsabilité suppose une volonté qui a l'initiative de ses
actes, tandis que nous avons seulement ici une volonté qui
s'incline devant le fait accompli, et l'agrée.

On détourne donc le mot de solidarité de son sens primitif et propre, lorsqu'on désigne par ce mot l'engrenage
des fatalités heureuses ou malheureuses, dans lequel l'individu se trouve pris, du fait de sa vie en société, et qu'on
regarde de telles fatalités comme l'équivalent d'une sanction. La solidarité, entendue de la sorte, est sans doute un
fait de grande importance ; mais ce fait n'a pas en soi de
signification morale ; bien plus, il semble porter un coup
mortel à la notion même de responsabilité. En effet, il est
certain que l'individu est tributaire de la société, et d'abord
de sa famille, puisqu'il tient d'elle les biens les plus précieux,
la santé, le bien-être, la moralité même, dans la mesure où
celle-ci est le produit de l'éducation et des influences héré-
ditaires ; ensuite de l'humanité tout entière, puisqu'il lui est
redevable de ces bienfaits généraux de la civilisation, dont
il jouit comme de biens naturels ; mais c'est le cas de
s'écrier avec Figaro : « Qu'a-t-il fait pour tant de biens ?
Il s'est donné la peine de naître, et rien de plus ! » De même,
l'individu n'a pas, si j'ose dire, la propriété de ses tares
physiques et morales, de ses penchants au crime et au
vice, à l'alcoolisme par exemple. Il recueille, sans y avoir
droit, tous les avantages de la vie sociale, il en subit,
sans les mériter, toutes les misères et toutes les hontes.
Replacer ainsi l'homme dans le milieu social, et prétendre
qu'il en dépend, comme la plante du sol qui la porte et la
nourrit, c'est donc le dépouiller de sa personnalité, et par
là même lui retirer à la fois l'honneur et les charges

de la responsabilité. Celle-ci est personnelle, ou n'est pas.

Dira-t-on que la société doit prendre la place de l'individu, et qu'il faut reporter à celle-ci la responsabilité retirée à celui-là? La société est traitée alors comme un être conscient, qui commet des fautes et en porte la peine, qui a par exemple le gouvernement, les lois tyranniques et les criminels qu'elle mérite, qui accomplit, d'autre part, des actes de vertu et d'héroïsme, et a par exemple l'honneur ou la gloire des arts, de la science, de la civilisation qu'elle instaure ou qu'elle fonde. Mais c'est là un langage métaphorique et abstrait, qu'on ne peut prendre au sérieux, je veux dire à la lettre. La société n'existe que dans les individus et par eux. Les individus seuls jouissent et souffrent, et ainsi peuvent seuls être récompensés et punis.

Dira-t-on qu'il n'y a qu'une *justice d'ensemble*, et que celle-ci est réalisée, par cela seul que la somme des biens et des maux est, non pas dans une société donnée, mais dans la suite des temps, proportionnée à celle des vertus et des vices, de quelque façon d'ailleurs que ces biens et ces maux soient répartis, que les innocents, par exemple, paient pour les coupables, ou que les criminels bénéficient des grâces obtenues par la vertu des saints? Telle est la théorie de la *réversibilité des fautes et des mérites*, interprétée par Joseph de Maistre. Mais elle est simplement monstrueuse. A s'élever trop haut, à planer dans le temps et dans l'espace, à perdre de vue les hommes individuels dans la contemplation de l'Humanité, on ruine, on anéantit toute justice, on fait évanouir toute responsabilité. La solidarité ne laisse pas cependant d'être souvent entendue d'une façon analogue. C'est ainsi par exemple qu'on admet le principe des otages, qu'on applique une justice sommaire et sans distinction de personnes, qu'on extermine en masse, qu'on frappe une classe, jugée odieuse, dans ses représentants les plus inoffensifs et les plus honorables, et qu'il se trouve des historiens, des écrivains de parti, voire d'honnêtes esprits égarés, pour approuver de telles mesures, et déclarer qu'i faut laisser passer la justice de Dieu ou la justice du peuple[1].

La solidarité n'est-elle donc qu'une fausse interprétation, qu'une négation ou une perversion de la responsabilité? Il est certain que toute responsabilité est individuelle, et que la responsabilité ne peut être qu'individuelle. Mais cela ne veut pas dire qu'il n'y ait point une responsabilité collective, ou solidarité. Voici pourquoi et comment.

La répercussion des faits sociaux, les actions et les réactions multiples des individus les uns sur les autres peuvent être objet de science, et donner alors prise à la volonté humaine, laquelle dirige cette fatalité naturelle, au lieu de la subir, s'arrange avec elle, ou s'en arrange, dans une certaine mesure en dispose, et, dans cette mesure, en devient responsable. C'est ainsi que, connaissant, par exemple, les lois de l'hérédité, de l'alcoolisme, je ne considérerai pas l'intempérance comme un vice purement individuel, je saurai, si je m'adonne à ce vice, quelle responsabilité j'assume vis-à-vis de mes descendants, de ma race, de mon pays. D'une façon générale, à mesure que je prends conscience de la portée sociale de mes actes, que je vois nettement se dérouler la suite de leurs conséquences, j'acquiers

---

[1] On jugera naturellement de même les amnisties en masse, sorte de brevets d'impunité accordés à des lâchetés et à des crimes, bénévolement mis sur le compte de l'égarement des foules. Les mesures d'amnistie, toujours arbitraires, semblent être avec raison interprétées par ceux qui en profitent comme procédant moins de la pitié que de la faiblesse, quand ce n'est pas de la complaisance intéressée et du calcul politique.

de ma responsabilité une notion plus pleine, plus exacte, plus précise et plus large; je me sens coupable des fautes de mes enfants, si je leur en ai transmis le germe, donné l'exemple, si je les ai laissés naître et se développer par ma négligence; je me sens responsable de la haine et de la jalousie de mon voisin, si j'ai pu l'exciter, si je n'ai pas pris soin de la prévenir, de la désarmer, etc. Encore ne faut-il pas que je m'exagère pourtant la responsabilité de mon action sociale, laquelle, il est vrai, je ne connais ni ne peux connaître jamais entièrement; je n'ai à répondre de cette action que dans la mesure où j'ai pu la prévoir et la vouloir. Il serait vain, à moi, de m'imputer les fautes de l'humanité, quoique j'y aie ma part. C'est un luxe, que se donnent les philosophes, de gémir sur la destinée du genre humain, et de s'en sentir personnellement responsables. Ce luxe-là n'est pas seulement déplacé; il est ruineux. A trop réfléchir sur la solidarité des actions humaines, on se rendrait en effet incapable d'agir, d'entreprendre rien; on n'oserait plus prononcer une parole, lever le bout du doigt, on serait écrasé par le sentiment de l'énormité sociale de l'action individuelle la plus simple; ou bien, au contraire, on s'habituerait à la pensée des conséquences lointaines et inéluctables de ses actes, on n'en ferait plus cas, et on assumerait, le cœur léger, les responsabilités les plus lourdes. Il faut circonscrire la responsabilité, pour la rendre réelle; il faut l'individualiser. Le sentiment de la solidarité peut donc nuire à celui de la responsabilité, alors même qu'il semble destiné seulement à l'élargir et à l'étendre; il ne faut pas oublier d'ailleurs que si, en me reconnaissant solidaire des autres hommes, je me sens plus de devoirs, et partant de responsabilité envers eux, je me sens aussi, par là même et d'autant, déchargé de mes fautes personnelles, ces fautes m'apparaissant, pour une large part, imputables à la société, aussi bien et plus qu'à moi-même.

Nous venons de montrer que l'individu est, et se sent, responsable *des autres*, en tant qu'il exerce sur eux une action prévue et voulue. Mais n'est-il pas aussi responsable *pour les autres ?* Il n'est pas douteux que souvent l'individu expie les fautes de ses ancêtres, ceux-ci en ayant recueilli les avantages et lui en ayant laissé les charges (*Ex. :* le fils ruiné d'un père prodigue, le fils débile d'un joyeux vivant) et qu'il bénéficie d'autre part des trésors accumulés pour lui par les générations antérieures (*Ex. :* le fils riche d'un père avare, les héritiers d'une grande civilisation). Mais c'est là un fait naturel et social, non proprement moral. On demande si le double bilan de profits et de pertes, qui échoit à l'individu, lui apparaît à lui-même, et apparaît aux autres, comme juste et mérité, si le lien social est assez fort, la conscience sociale assez développée, pour que chacun accepte, je ne dis pas subisse, outre ses responsabilités propres, la responsabilité de tous les actes de son groupe familial ou social, et tienne à honneur d'endosser les charges, si lourdes qu'elles soient, qui lui ont été transmises, comme il reçoit, sans remords, les legs avantageux. Peut-être, en fait, est-il rare qu'il en soit ainsi : on veut bien recevoir les bienfaits, on ne veut pas subir les charges de l'état social, et on interprète le fait de la solidarité diversement, suivant qu'on est le bénéficiaire ou la victime. Pourtant il faut qu'entre tous les individus l'accord s'établisse tant bien que mal, mais d'une façon suffisante, et cela loyalement, sans arrière-pensée d'intérêt personnel, sur le mode de répartition des bénéfices et des charges de l'état social; c'est-à-dire, que cet état soit reconnu comme juste (et il sera tel, si seulement il est le moins imparfait possible);

c'est à cette condition seulement que la société sera possible et tenable. La solidarité est, en somme, l'accord qui s'établit, dans chaque conscience individuelle, entre le sentiment de ses droits individuels et celui de ses obligations sociales. Un droit, que j'exerce, ne me paraît juste, qu'autant qu'en l'exerçant, je ne manque à aucun devoir envers les autres ; un devoir ne m'apparaît comme tel qu'autant que je suis assuré que les autres ne tireront pas parti de ma bonne volonté contre moi et respecteront mes droits. En d'autres termes, je ne me reconnais des devoirs envers les autres qu'autant qu'ils s'en reconnaissent d'équivalents envers moi ; je ne puis répondre pour eux qu'autant qu'ils consentent à répondre pour moi ; la solidarité qui s'établirait sur d'autres bases serait vaine, chimérique et décevante ; la solidarité est, et ne peut être, qu'une réciprocité morale.

Il suit de là que la solidarité n'est pas l'abdication de la personnalité, n'est pas un contrat, par lequel je me lie, pieds et poings liés, à une secte, à un parti, à un groupe quelconque, j'en approuve tous les actes, j'en épouse toutes les idées, j'en admets d'avance et en principe toutes les évolutions. Ce servage moral serait la négation même de la responsabilité. Au contraire, par là même que je réponds *des membres* d'une société dont je fais partie et *pour eux*, je réponds aussi de mon engagement dans cette société, c'est-à-dire que je reste et dois rester juge devant ma conscience de la mesure dans laquelle il convient, il est juste, que je la suive ou que je m'en sépare ; comme un actionnaire avisé se retire à temps d'une société qui va à sa ruine, un honnête homme se dégage d'une société avec laquelle il n'est plus en communauté morale d'idées et de conduite. La solidarité ne consiste donc pas à respecter ces règlements de police intérieure, bien plus, ces traditions de loyauté et d'honneur, que les brigands eux-mêmes observent, dit-on, entre eux. Ou bien, si c'est là la solidarité, il faut dire que l'on serait précisément responsable de ne pas se désolidariser des hommes qui s'éloignent de la justice, quand on s'est avec eux imprudemment lié ou qu'on se trouve naturellement engagé avec eux.

On vante aujourd'hui beaucoup les effets de la solidarité et la force de l'association, mais on n'a pas prouvé que ces effets fussent toujours moraux, ni même simplement désirables et heureux. On a été trop souvent systématiquement optimiste : il y a en réalité une solidarité dans le mal, comme une solidarité dans le bien. La solidarité n'est qu'un fait ou qu'une loi psychologique et sociologique, dont il faut donner une interprétation morale. Ce fait complique le problème de la responsabilité, il ne supprime pas ce problème, il en est encore moins une solution. La responsabilité, comme on l'a vu, est toujours, en principe, et demeure toujours, en fait, individuelle. Il ne faut pas permettre que la notion de responsabilité soit obscurcie, encore moins détruite, par celle de solidarité. La solidarité n'est, et ne peut être, qu'une extension de la responsabilité en général, ou qu'un cas particulier de la responsabilité.

Sujets à traiter :

I. — *Sens primitif et propre du mot* solidarité; *sens dérivés et figurés.*

II. — *Analyser les fausses conceptions de la solidarité et les perversions de la justice qui en découlent.*

III. — *Rapports de la solidarité et de la responsabilité.*

IV. — *En quel sens peut-on dire que la responsabilité est toujours et ne peut être qu'individuelle ?*

V. — *En quel sens peut-on dire qu'il y a une responsabilité collective, et quelle est la nature de cette responsabilité ?*

TABLE DES MATIÈRES

PREMIÈRE PARTIE
MORALE THÉORIQUE

ÉVREUX, IMPRIMERIE DE CHARLES HÉRISSEY

HENRY PAULIN ET Cⁱᵉ, LIBRAIRES-ÉDITEURS

PHILOSOPHIE. — MORALE

CLASSES DE PHILOSOPHIE ET DE MATHÉMATIQUES. — PRÉPARATION AUX
ÉCOLES. — Cours de morale théorique et pratique, par L. DUGAS,
docteur ès lettres. Maître de Conférences à la Faculté des Lettres de
Rennes :

I. Morale théorique. 1 vol. in-8º broché. 2ᵉ *édition corrigée.* 1 fr. 50
II. Morale pratique. 1 vol. in-8º broché, ... 3 fr. 50
 Les deux volumes réunis en un seul, broché. . . . . . . 5 fr. »

CLASSES DE PHILOSOPHIE ET DE MATHÉMATIQUES. — PRÉPARATION AUX ÉCOLES
DE SAINT-CYR, NAVALE ET POLYTECHNIQUE. — Leçons de logique et de
morale, par R. HOURTICQ, professeur agrégé au lycée d'Angoulême.
1 vol. in-18 grand jésus avec *Résumés, Lectures, Sujets de Dissertations,* cart. à l'angl. : 3 fr. 50; broché. . . . . 3 fr. »

Esquisses de morale et de sociologie, par M. E. LEROY, professeur au
collège d'Abbeville. 1 vol. in-16 couronne, broché (*Paraîtra en
octobre* 1908).

CLASSES DE QUATRIÈME A ET B. — PRÉPARATION AUX ÉCOLES. Lectures morales, par Gustave CHATEL, professeur agrégé au lycée de Rennes, 1 vol.
grand in-18, cart. à l'angl. 4ᵉ *édition revue* . . . . 2 fr. 50

CLASSES DE TROISIÈME A ET B. — Lectures morales, par Gustave
CHATEL. 1 vol. grand in-18, cart. à l'angl. 3ᵉ *édition revue.* 3 fr. »

CLASSES DE QUATRIÈME ET DE TROISIÈME A ET B. — Leçons de morale,
fondées sur l'Histoire des Mœurs et des Institutions, par A. REY,
docteur ès lettres, chargé de cours à la Faculté des Lettres de
Dijon, et H. DUBUS, instituteur à Marissel (Oise), 1 vol. in-18,
cartonné . . . . 2 fr. 50

ENSEIGNEMENT SECONDAIRE DES JEUNES FILLES (1ᵉ *année*). — Leçons de
morale théorique et Notions historiques, par Mⁱˡᵉ ANCEL, directrice
du collège de jeunes filles de Troyes, et L. DUGAS. 1 vol. in-8,
broché. . . . . 3 fr. »

ENSEIGNEMENT SECONDAIRE DES JEUNES FILLES. — Extraits des prosateurs
et poètes des XVIᵉ, XVIIᵉ, XVIIIᵉ et XIXᵉ siècles, par Mᵐᵉ J. SEYRETTE
et H. AUBERT, professeurs au collège de Melun. 1 vol. in-18 avec
notes, cart. à l'anglaise. . . . . 5 fr. »

MATHÉMATIQUES

CLASSES DE MATHÉMATIQUES A ET B. — PRÉPARATION AUX ÉCOLES NAVALE ET
DE SAINT-CYR. — Leçons d'algèbre élémentaire, par M. ZOUETTI,
docteur ès sciences, prof. agrégé de mathématiques (Navale) au lycée
de Rochefort. 1 vol. in-18 grand jésus, cart. à l'angl. . . . 6 fr. »

CLASSES DE PREMIÈRE C ET D. — Leçons de géométrie descriptive,
par P. BERNIOLLE, professeur de mathématiques au lycée de Troyes.
1 vol. grand in-18, avec figures, problèmes et exercices, cart. à l'angl.
Nouvelle édition entièrement refondue (*Programmes de* 1903). 2 fr. 50

CLASSES DE MATHÉMATIQUES A ET B. — PRÉPARATION AUX ÉCOLES NAVALE ET DE SAINT-CYR. — **Leçons de géométrie descriptive**, par *le même.* 1 vol. grand in-18. avec figures, problèmes, exercices et deux cartes hors texte, dont une en couleurs, cart. à l'anglaise, nouvelle édition entièrement refondue (*Programmes de 1905*) . . . . **4 fr.** »

(*Cet ouvrage contient les* **Notions de Géométrie cotée** *indispensables pour le tracé des épures de géométrie cotée données aux examens de l'École de Saint-Cyr.*)

Les deux volumes réunis en un seul, cart. à l'ang.. . . . . **5 fr. 50**

CLASSES DE MATHÉMATIQUES A ET B. — PRÉPARATION AUX ÉCOLES NAVALE ET DE SAINT-CYR. — **Cours élémentaire de mécanique**, par A. BOURGON-NIER, professeur agrégé de Mathématiques au lycée Saint-Louis et P. ROLLET, directeur de l'École municipale Diderot :

   I. **Cinématique.** 1 vol. in-8° broché avec figures, exercices et pro-blèmes. Broché. . . . . **3 fr.** »

   II. **Statique et Dynamique.** 1 vol. in-8° broché avec figures, exer-cices et problèmes. Broché . . . . **5 fr.** »

   (*En cartonnage anglais, 1 fr. de plus par volume.*)

CLASSES DE PREMIÈRE C ET D ET DE MATHÉMATIQUES A ET B. — PRÉPARATION AUX ÉCOLES NAVALE ET DE SAINT-CYR. — **Leçons de Trigonométrie**, par G. BOUCHENY, professeur de Mathématiques au collège Sainte-Barbe, et E. PERNIN, professeur de Mathématiques à l'École supé-rieure J.-B. Say. 1 vol. grand in-18 avec exercices et problèmes (*Programmes de 1905*), cart. à l'angl., 3 fr. 50. Broché . . **3 fr.** »

SCIENCES PHYSIQUES ET NATURELLES

CLASSES DE PHILOSOPHIE, DE MATHÉMATIQUES, INSTITUT AGRONOMIQUE, CERTIFICAT D'ÉTUDES P. C. N. — **Planches d'histoire naturelle**, publiées sous la direction et avec la collaboration de J. ANGLAS, docteur ès sciences, préparateur de zoologie à la Sorbonne, par H. SAUNIER. *Dessins de C. Varé* :

Première série. — **Anatomie élémentaire humaine et comparée** (67 planches).
Ces 67 planches sont contenues dans une solide et élégante pochette à fermoir. La pochette contenant les 67 planches, en noir : 6 fr.; en couleurs : 9 fr.

Chaque planche se vend séparément, en noir : 0 fr. 10 ; en couleurs : 0 fr. 15.

Les mêmes réunies en volume, cart. à l'anglaise, en noir : 7 fr.; en couleurs : 10 fr.

CLASSES DE PHILOSOPHIE ET DE MATHÉMATIQUES. — PRÉPARATION AUX ÉCOLES. — **Manipulations de Zoologie et de botanique** (15 *manipula-tions*), par MM. MONNIER, professeur agrégé au lycée de Besançon, et KOLLMANN, professeur agrégé au lycée de Nantes. 1 vol. in-18 grand jésus, broché . . . . **1 fr. 50**

CLASSES DE PHILOSOPHIE ET DE MATHÉMATIQUES. — PRÉPARATION A L'ÉCOLE DE SAINT-CYR. — **Quatre tableaux de paléontologie**, par J.-L. DALLONI, licencié ès sciences naturelles. 1 brochure in-8° . . . . . . **6 fr. 75**

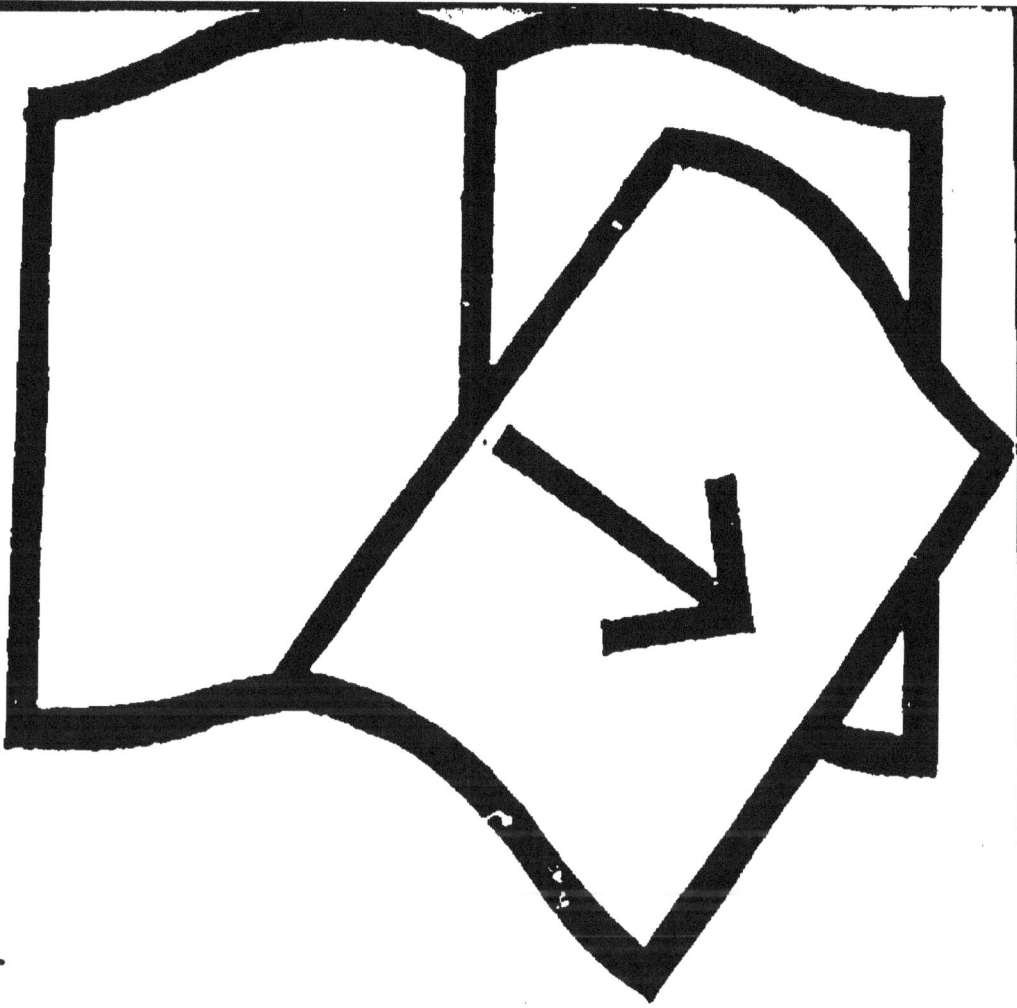

Documents manquants (pages, cahiers...)

NF Z 43-120-13